지성인의 언어

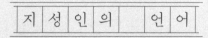

지성인의 언어

지성인의 격은 말과 글, 태도에서 나온다

육문희 지음

트러스트북스

딱 한 템포만 쉬어 보세요

현대인은 사회의 변화에 빠르게 발을 담근다. 최첨단 유행을 따르고 트렌디한 자기계발에 열을 올리며 명품 구두와 가방, 비싼 의상을 구입하여 착용한다. 물질 만능시대에 행여나 남에게 뒤처질세라 부지런히 최첨단 헤어스타일과 액세서리를 검색하여 외모를 가꾸는 일에 열심을 보이며 살고 있다.

그러나 외적인 이미지 하나에만 치중하느라 정작 가장 중요한 내적인 이미지에는 조금 소홀한 경향이 있다. 물론 외적인 이미지는 중요하다. 자신의 성공한 이미지를 드러내고 시대에 뒤떨어지지 않는 지식과 정보 등은 현대인에게 꼭 필요한 필수항목 중 하나이기 때문이다.

그러나 눈으로 볼 수 없는 부분일지라도 내적인 이미지가 어떠하냐에 따라 외적으로 드러나는 분위기는 엄청난 차이를 보인다. 좋은 생각을 하고 선한 마음을 품고 있는 사람들은 얼굴빛이 맑고 화사하며 표정도 넉넉하고 편안하다.

그러나 겉으로 보이는 이미지보다 중요한 것은 입 밖으로 내보내는 '말'이다.

말은 감정에서 나온다. 감정 상태에 따라 말은 조절이 불가능할 정도의 힘으로 인해 입 밖으로 나와 버린다. 말을 해놓고 이렇게 후회한 경험들은 누구에게나 있을 것이다.

'한 번 더 생각하고 말할 걸.'

'조금만 더 참을 걸.'

'그때 그 말은 하지 말았어야 했는데….'

입 밖으로 나온 말은 이미 쏘아버린 화살이요, 엎질러진 물이다. 다시 거둬들일 수도, 주워 담을 수도 없다.

우리가 내뱉은 성급한 말 한마디는 양날이 예리한 칼과도 같다. 그 강력한 무기에 상처를 입고 치유되지 않은 감정을 추스르며 예전처럼 살아간다 해도 그 상처에 대한 기억은 오랫동안 남는다.

갑작스럽고 흥분되는 상황에 처하면 원래의 성격이 튀어나오기 쉽다. 자기도 모르게 반사적으로 나오는 말과 행동이 많은 사람들에게 충격을 주기도 한다.

그런 상황일수록 한 템포만 쉬었다가 말하는 지혜가 필요하다.

그 짧은 시간 동안 무엇보다 자신의 현재 감정을 이해하려고 노력해야 한다. 지금 내가 성급하게 하고 싶은 말이 현재 상황에서 꼭 필요한 말인가? 지금 내가 하고자 하는 행동이 서로에게 가장 합리적인 것인가?

사람의 가치를 증명하는 최종적 증표는 입에서 나오는 말이다.

우리는 원하든 원치 않든 많은 관계 속에서 서로 소통하며 살아가야 한다.

그 안에서 서로 다른 사람이 서로 다른 생각을 가지고 관계를 이어갈 수밖에 없다.

그러다 보면 예기치 않게 발생하는 감정을 파괴하는 언어 사고들이 있기 마련이다. 그 과정에서 한 템포 쉬어가는 지혜는 관계 속에서 감정의 상처를 예방할 수 있는 힘을 준다.

당장 쏘아버리고 싶은 말, 곧바로 되갚아 주고 싶은 말,

당장 지적하고 싶은 말이 입 안에서 맴도는가? 대부분의 언어 사고는 서로 다름에서 비롯된다. 다름을 인정하지 않고 '내가 옳고 너는 틀리다' 는 비합리적인 자기신념에 공격을 당할 때, 그것은 언어 사고로 이어져 감정에 치명적인 악영향을 미치게 된다.

당연한 말이지만, 사람은 귀천이 없고 감히 급을 나눌 수도 없다. 천한 사람 귀한 사람이 따로 존재하지 않는다. 그러나 개개인들이 각기 지닌 품격은 분명히 다르다. 격이 높은 사람과 낮은 사람을 명확히 구분할 수 있으며, 그것을 결정짓는 요소는 그 사람의 말과 글, 태도이다. 지성의 품격은 바로 여기서 나온다.

자신의 감정에 민감한 만큼 상대의 감정도 이해해 주는 공감과 배려의 언어를 시작하자. 품격 높은 지성인의 덕목은 바로 그 '언어' 에서부터 형성되기 때문이다.

이 책을 선택한 독자들이 자신만큼 소중한 상대의 독창성을 인정해 주었으면 좋겠다.

서로 다름에서 조화를 이루며 감정 상함을 예방하는 힘을 길렀으면 좋겠다.

그 힘은 외모만 가꾸는 사람이 아닌, 내면과 외면이 모두 훌륭한 '지성인'이 갖춰야 할 덕목이자 지혜이다.

1장

한
템
포
만
쉬
어
보
라

○

감정 이해하기

하늘이 어찌 매일 푸르기를 바라는가.

바다가 어찌 매일 잔잔하기를 바라는가.

푸르름도 한때고 잔잔함도 한때다.

세상이 변하고 삶의 문화가 변한다 해도 변치 않는 것이
있다.

그것은 감정이라는 정서다.

말은 건들면 부푼다

—

"발 없는 말이 천리 간다"는 속담이 있다.

말이란 이처럼 소리 소문 없이 확장되고 널리 퍼져 멀리
천리에 있는 사람들에게까지 전해질 만큼 그 위력이 대단

하다. 요즘은 미디어 매개체로 공유하는 시대이지만 예전에는 사람의 입에서 입으로, 말로 전해졌다.

자신의 사적인 일을 많은 이들과 공유하고 싶지 않은 사람들은 요즘 유행하는 카카오스토리나, 페이스북, 인스타그램 같은 SNS를 활발히 이용하지 않는다. 이런 유형의 사람들은 워낙 신중하기 때문에 자신의 사생활을 보호함은 물론 다른 사람들의 사생활도 굳이 파헤치려 하지 않는다. SNS 같은 미디어 매개체에 중독된 사람들은 자신보다 다른 사람들에게 관심이 많다. 그 관심이 긍정적인 것이면 좋겠지만 대부분 부정적인 심리가 훨씬 더 많이 작용한다. 결국 부푼 말의 씨앗도 이들을 통해 전파된다.

소식에 올라온 내용들을 그대로 받아들이면 그만인 것을 자신의 생각이나 추측, 색깔을 멋대로 덧붙인다. 소식을 올린 사람들의 순수한 속성을 부정적인 시각으로 받아들이기 때문에 괴담을 좋아하는 한국인들은 그 이야기에 삐뚤어진 흥미를 품게 되고, 와전된 소문이 천리만리로 전파되는 것이다.

말 중에서 가장 주의해야 할 것이 남의 말이다.
근거도 없는 추측으로 부푼 말은 한 사람을 건너갈 때마다 더 많은 추측과 부푸는 현상이 일어나고 결국은 실상을 찾아볼 수 없을 만큼 괴이한 말이 되어 버린다.

유명한 연예인들의 지극히 사적인 일들이 와전되면서 SNS를 뜨겁게 달구고 결국은 한 사람의 인생이 송두리째 부정당하는 모습을 우리는 많이 봐 왔다.

이런 현상은 나에게도 일어날 수 있고 우리 모두에게도 일어날 수 있는 일이다.

상대를 있는 그대로의 모습으로, 진실된 눈으로만 바라본다면 이런 흉측한 일들은 사라질 것이다. 그러나 모두가 한 마음이 될 수 없으니 서로 주의하는 것밖엔 도리가 없다.

누구나 품격 높은 사람이 되고 싶어 한다. 소위 말하는, 타인에게 인정과 존경을 받는 '지성인'이 되기를 원한다. 지성인은 그저 공부를 많이 하여 학력이 높거나 지식이 많은 사람이 아니다. 풍요로운 지적 능력을 소유하되 그것을 표현하는 언행, 즉 말과 글 그리고 태도가 품위 있고 고상하며 남을 다치게 하지 않는 사람이 진정한 지성인이다. 우리 사회에 꼭 필요하며 누구나 함께하기를 원하는 사람인 것이다.

그러기 위해서는 우선 나 자신부터 말을 조심해야 하겠다. 나의 성급한 말 한마디가 누군가에게 씻을 수 없는 치명적인 상처를 입힐 수도 있다. 무슨 말을 하든 신중하게 한 템포만 미루어 생각하고 말하는 습관을 갖도록 노력하자. 내 마음과 같이 타인의 마음도 헤아리면서 서로 존중하는 마음, 그것만이 해결책이며 지성인의 언어를 갖추는 첫걸음이다.

섣부른 말이 부른 이별
—

알콩달콩 사랑을 나누며 행복한 나날을 보내던 어느 날, 사소한 일로 마음이 상하면서 다툼이 일어난다. 이런 상황은 젊은 연인들이나 이미 결혼한 부부들이나 마찬가지이다. 서로의 입장을 내세우며 소통이 이루어지지 않으면 조금씩 목소리가 커진다.

"우리 더 이상은 안 되겠다. 이젠 지긋지긋해!"

"그래? 그게 진심이었지? 그렇게 지겨웠어? 그래서 전화도 안 받았어? 진작 말하지 그랬어? 나도 더 이상 참을 수 없어!"

"그래! 서로 지겹고 싫으니 이제 함께 있을 이유가 없네. 그만 끝내!"

어느 날 차를 세우고 시동을 켜지 않은 채 안에서 잠시 쉬고 있는데 차창 밖에서 이런 소리들이 들려왔다. 무안할까봐 시동도 못 켜고 미동도 없이 앉아 의도치 않게 다투는 소리를 듣고 말았다. 그들은 그렇게 30분 정도 옥신각신하다가 서로의 갈 길로 가고 말았다.

내가 그곳에 있을 때 그들은 나란히 손을 잡고 걸어왔다. 따뜻한 눈으로 서로를 바라보는 다정한 모습이었다. 여성이 먼저 투정부리듯 왜 전화를 안 받았냐고 물었다. 남성이 전화를 못 받을 상황이었다고 설명하자 여성은 내 전화는 중요하지 않느냐며 따지듯 물었다. 이들의 다툼은 이렇게 시작되었다.

사소한 것에서부터 상대의 감정을 살피지 않는 데 문제가 있었던 것이다. 이후 그들이 다시 만났는지는 알 수 없지만 그날 그 시간, 그들은 순간적인 감정의 상함으로 인해 앞뒤 상황 가리지 않고 자신의 입장만 내세웠다. 한 치의 양보도 없이 그들의 상한 감정은 자존심으로 연결되고, 급기야 성급하게 이별을 선언함으로써 서로에게 커다란 상처를 안겨주고 만 것이다.

대부분 사람들은 남녀의 다툼을 사랑싸움이라고 대수롭

지 않게 말한다. 그러나 사랑하는 사람의 입에서 나온 말로 인한 상처는 더 아프다. 어디 남녀 관계뿐일까. 섣부른 말과 행동을 두고 그 사람의 성격이 원래 그렇다거나 홧김에 한 소리니 신경 쓰지 말라는 말로 분위기를 바꿔보려고 애쓴다. 그러나 마음에 치명적인 상처를 입힌 사람을 용서하기란 그리 쉽지 않다. 설령 이해한다고 말할지언정 그 상처는 오랫동안 남아 있어 건들면 아플 수밖에 없다.

한 템포만 쉬었어도
—

여러 번 전화를 걸었는데도 통화가 안 되었다면 누구나 짜증이 날 수 있다. 바쁜 일이 있거나 통화가 곤란한 상황일지도 모른다는 생각을 하겠지만 그래도 확인하고 싶은 것이 사람의 마음이다.

자신의 감정을 알아주기 바라는 마음에서 투정부리듯 던진 한마디가 이해는커녕 오히려 마음을 상하게 만들었다. 감정이 화를 부르고 화가 성급한 말을 쏟아내었으며 그 말이 서로에게 치명적인 상처를 입혔다. 어디서부터 잘못된 걸까.

누구의 잘못이 더 큰지를 따질 일이 아니다. 참지 못하고 하고 싶은 말을 내뱉은 것이 화근이다. 상대의 입장을 헤아리지 않고 자기중심적인 생각만 앞섰다. 상대의 감정은 보려 하지 않고 내 감정만 이해 받기 바랐다.

이는 어느 특정한 사람들의 문제가 아니다. 대부분의 사람들이 관계 속에서, 그것도 아주 가까운 관계 속에서 흔하게 겪는 일이다.

딱 한 템포를 쉬지 못해 빚어지는 오해나 판단은 어디에서나 일어난다.

영화 〈어둠 속의 댄서〉로 칸 영화제에서 황금종려상을 받은 세계적 거장 라스 폰 트리에 감독은 한 매체와의 인터뷰에서 이렇게 말했다.

"저는 가끔 유대인이 될 걸 하고 생각합니다. 저는 히틀러를 이해하고 조금은 공감합니다."

그것은 인종차별적인 발언이었다. 그의 말은 엄청나게 큰 파문을 일으키면서 순식간에 전 세계인들을 분노하게 만들었다. 그로 인해 그는 모든 행사에 입장할 수 없는 금지령과 중징계를 받았다.

말을 하기에 앞서 잠시 생각하는 여유는 우리의 말실수를 대폭 줄여준다. 입에서 나오는 말이라고 함부로 해서는 안 된다. 한 템포 쉬면서 그 말을 듣는 사람들의 감정을 조금만 살폈어도 그와 같은 크나큰 실수는 범하지 않았을 것이다. 내겐 아무렇지 않은 가벼운 말이 상대에겐 감정의 파문을 일으킬 수 있다는 사실을 항상 염두에 두고 자나 깨나 말조심을 해야 한다.

온화한 말의 힘
—

사소한 오해가 빚어낸 분노는 자극을 받을수록 더욱 커진다.

화는 격노함으로 표현되고 격노한 자신과 그 대상은 더 많은 고통을 받을 뿐이다.

성경에 이런 말이 있다. "미련한 자에게 그 어리석음에 따라 대답하지 말아라. 그래야 너 또한 그와 같이 되지 않는다(잠언 26장 4절)." 상대의 감정을 살펴 그에 동요되지 말라는 말이다.

또한 "온화한 대답은 격노를 돌이켜 놓지만 고통을 주

는 말은 분노가 치밀게 한다(잠언 15장 1절)"고 조언한다.

자신에게 대놓고 화내는 사람에게 온화하게 다가가기란 어려운 일이다. 다짜고짜 성을 내며 공격하는 사람에게 맞받아 공격하기는 쉽지만, 차분하고 온화하게 말할 여유를 갖는 것은 쉽지 않은 일이다.

내 아들이 고등학교에 다닐 때의 일이다.

조용히 자습하고 있는데 학급에서 약간 불량스러운 아이가 아무 이유 없이 갑자기 달려와 주먹으로 때리려 했다는 것이다. 성격이 조용하고 차분한 아들은 외모와는 달리 태권도 4단, 합기도 4단의 유단자로, 당시 이미 10년 넘게 운동으로 단련된 아이였다. 그래서 함부로 싸움에 끼어들거나 엮이는 것을 피해야 할 상황이었다. 그런 아이가 남에게 얻어맞는 것은 상당한 치욕이었을 것이다.

아들은 맞서지 않으려고 재빠르게 몸을 피했고, 달려들던 아이는 크게 넘어졌다. 수치심에 더욱 격분한 아이는 다시 달려들었다. 그때 아들은 방어 기술을 사용해 그 아이를 제압하며 말했다.

"네가 왜 이러는지 알 수 없지만 난 네게 맞을 이유가 없는데…. 네가 나에게 이러는 이유를 좀 말해줘. 내가 이해해야 맞아도 억울하지 않지."

그 아이는 버둥대며 큰 소리를 질러댔고 그 소리를 들은 선생님이 뛰어왔다.

나중에 선생님께 불려간 아들은, 그 아이가 선배에게 얻어맞아 화가 치민 상태였는데 아들이 태연하게 웃으며 자기를 돌아보는 것이 못마땅해서 그랬다는 답을 들었다고 했다.

황당한 상황이긴 했지만 나는 아들이 참 자랑스러웠다. 얻어맞지도 않았고 오히려 상대의 감정을 살피며 차분하게 질문하고 답을 얻어낸 지혜로움이 정말 자랑스러웠다. 물론 싸워서는 안 되는 유단자였기에 더욱 인내해야 했지만 혈기 넘치는 청소년이기에 홧김에 맞붙을 수 있는 상황이었다. 그런데도 맞서지 않고 한 걸음 물러서 쉬어가는 지혜를 제대로 보여주었다.

어떤 상황에서 한 걸음 물러서는 것이 나약하거나 비겁하다고 생각할지도 모르겠다. 그러나 그것은 나약함이 아니라 내적 강함이다.

서로에게 득이 되지 않을 충돌을 피하기 위한 방편이다.

오히려 상대의 감정을 이해하고 공감함으로써 화를 누그러뜨리는 효과를 발휘할 수 있다.

실제로 아들은 그 아이를 진심으로 이해했고 그 일 이후 두 사람은 진짜 친구가 되었다.

현대인은 스트레스가 많은 시대를 살아가고 있다. 빠르게 돌아가는 변화만큼이나 우리의 마음도 조급하고 급박하다. 이런 시대일수록 한 템포 쉬어가며 자신의 감정은 물론 함께 가는 사람들의 감정을 이해하는 일은 무엇보다도 중요하다.

○

긍정 마인드로 전환하라

우리가 주로 사용하는 언어는 습관에서 비롯된다. 평소 늘 긍정적으로 사물을 바라보는 사람들이 있고, 그와는 반대로 늘 부정적으로 바라보는 사람들이 있다.

말에는 놀라운 힘이 있다. 말에는 우리 인생을 송두리째 흔들어 놓을 정도의 위력이 담겨 있다. 또한 말은 부메랑과도 같아서 한 번 뱉으면 멀리 돌아서라도 되돌아온다. 말은 마치 자석과 같아서 말의 기운에 따라 같은 기운의 것들이 붙는다.

말이 현실이 된다
—

몇 년 전 긍정적인 말이 미치는 영향에 대한 입증된 사례가 한동안 TV 프로그램에서 집중적으로 보도된 적이 있다.

〈말의 힘〉이라는 다큐멘터리에서는 각각 다른 병에 밥을 넣어두고는, 한쪽에는 매일 하루 세 번씩 긍정적인 말을 건네고 다른 병에는 부정적인 말을 건네면서 어떻게 변하는지 실험했다.

4주 후 프로그램을 지켜본 모든 사람이 놀랄 만한 결과가 나왔다. 매일 긍정적인 말을 들었던 병의 밥에는 뽀얗고 하얀 곰팡이가 피었지만, 부정적인 말을 들었던 밥에는 시퍼렇고 거무칙칙하며 악취 나는 곰팡이가 피었다.

이후 언론은 끊임없이 긍정적인 말의 힘을 강조했고 각종 매체나 서점에도 말에 대한 힘을 다루는 내용과 정보들이 쏟아져 나왔다. 이것이 어디 우리가 보고 듣고 경험한 것에만 국한되겠는가. 실제로 우리는 아주 작은 미물은 물론 한창 자라나는 어린 자녀들에게 긍정적인 말을 하기보다는 부정적인 말을 하는 경우가 훨씬 많다. 무엇이 좋은지 머리로는 알고 있지만 현실은 이상과 너무나 다르다.

우리가 가장 편안하고 안락해야 하는 곳에서, 가장 사랑하는 사람들에게 가장 많이 하는 말은 무엇일까? 물론 사랑하는 만큼 기대도 클 것이다. 그러나 그런 기대에 미치지 못했을 때 우리는 온갖 모욕적인 말도 서슴지 않는다.

"그것밖에 못하니?"

"어휴 속 터져!"

"미치겠네!"

"그래서 대학에 갈 수나 있겠어?"

"멍청하긴……."

육아 프로그램 〈우리 아이가 달라졌어요〉에서 최강폭군 혜성이에 대해 다룬 적이 있었다. 10세 남아가 엄마에게 온갖 욕설을 퍼붓고 심지어는 주먹질까지 하는 등 지켜보던 시청자들이 경악을 금치 못할 만큼 심각한 사례였다.

이에 오은영 교수는 문제가 이토록 심각해진 데는 아이 탓이 아니라고 결론지었다. 혜성이가 비록 7세 때 ADHD 진단을 받았지만 그 진단을 받은 모든 아이가 이렇진 않다고 했다. 혜성이의 문제는 평소 혜성이 엄마를 대하는 아버지의 권위를 내세운 말과 행동과 태도에서 비롯되었다고 발표했다. 실제로 혜성이는 아버지가 평소 가정에서 어머니에게 대하는 행동과 말을 그대로 모방하고 있었던 것이다.

자녀를 키우는 부모들은 지금 아이들을 지켜볼 필요가 있다. 내 아이들이 주로 사용하는 언어나 말투, 욕설 등 부정적이거나 긍정적인 면들을 살펴보고 자신을 돌아보는 시간을 갖고 개선할 방향을 모색하는 것이 지혜로운 부모의 책임 있는 대처이다.

사람은 부정적인 말로 망하고, 병들고, 실패하기도 한다. 살면서 당신은 주로 어떤 말을 많이 하는가? 그 말은 아주 빠르게 당신 삶에 영향을 미치기도 하고, 서서히 녹아들어 언젠가는 그 결과를 나타내기도 한다. 긍정적인 말의 힘을 믿어 보자.

부정적인 언어들은 걸러 내고 오직 긍정적인 언어로 삶을 채워 보자. 인내하며 살다보면 어느 순간 달라진 내 삶과 마주치게 되는 순간이 올 것이다.

긍정적인 생각
—

생각이 말을 낳는다. 우리는 말하기에 앞서 거름망에 생각을 담는다. 망에 걸러진 생각들을 말로 내보내는 것이다. 그 과정을 거치지 않고 생각을 말로 곧바로 뱉어 버리면 화근이 된다. 스탠 비첨은 저서 〈엘리트 마인드〉에서 "높은 성과를 내며, 성공하거나 성취를 하는 사람들의 비밀은 긍정 마인드에 있다"고 말한다.

어떻게 생각하는가에 따라 말이 달라지고 자신 있게 선포한 말이 힘과 에너지를 증폭시켜 성공에 이르도록 시냅스를 작동한다는 의미이다.

힘들어 죽겠다, 답답해 죽겠다, 미치겠다, 슬프다, 아프다, 지친다, 속상하다 등은 부정적인 말이다. 이런 말들을 자주 사용하면 우리의 뇌는 이에 맞는 심신의 환경을 만들어 나간다. 즉 우리의 신체와 정신에 치명적인 악영향을 미치게 된다는 뜻이다.

이와는 반대로 기쁘다, 즐겁다, 행복하다, 감사하다. 또는 잘될 거야, 할 수 있어 같은 긍정적인 말은 우리 뇌에 세로토닌을 증가시켜 실제로 행복한 느낌을 갖게 하고 삶의 전반적인 부분에서도 말의 힘이 작용하여 더욱 윤택하고 행복한 삶의 방향으로 시냅스를 형성한다.

애니메이션 영화 〈인사이드 아웃〉은 사람의 머릿속에 존재하는 기쁨, 슬픔, 버럭, 까칠, 소심이라는 감정이 미치는 영향에 관해 풀어냈다.

이 영화를 보면, 감정이 일단 들어온다면 무조건 거부

하는 것만이 지혜는 아니라는 것을 알 수 있다. 감정 자체는 나쁜 것이 아니므로 지나치게 드러나지 않도록 적절하게 조화를 이루는 것이 중요하며, 슬픔이라는 감정을 기쁨으로 끌어안을 수 있는 여유와 진정한 감사를 느낄 수 있다는 오묘한 진리를 전하고 있다.

슬픔이라는 감정을 알지 못한다면 감사할 수 없다. 모든 감정은 직접 느껴보지 않으면 알 수 없다. 그러므로 어떤 감정이든 오래도록 머물거나 치우치지 말고 자신의 감정을 직시하고 이해하여 감사함으로 끌어안아야 한다. 여러 번 의식적으로 훈련하다 보면 더 쉽게 긍정적인 방향으로 전환시킬 수 있다. 어느덧 내 입에서 나오는 말들이 지금보다 많이 달라져 있음을 깨달을 수 있을 것이다

언어 습관

사람들은 고유한 말버릇을 가지고 있다. 격한 말, 과장된 말, 늘어지는 말, 다가가는 말, 물러서는 말 등 대화할 때 자신만의 패턴을 보인다.

말투와 분위기는 타고난 기질의 영향도 있겠지만 자라

온 환경을 무시할 수 없다. 가장 가깝게는 부모 형제와 자매, 자주 어울렸던 친구, 사회생활을 하면서 만난 의미 있는 사람들의 말투에 영향을 받는다.

그리고 다른 사람과 의견이 충돌할 때 보통은 대개 아래와 같은 두 가지 자세를 취한다.

'무시하거나, 강요하거나.'

심리학자 알버트 반두라는 "우리는 상황 속에서 많은 것들을 모방함으로써 학습한다"고 말했다. 의도적으로 배우지 않아도 평소 보고 듣는 것만으로도 수많은 정보와 내용을 정확히 인지 한다는 뜻이다.

우리가 어릴 때부터 자주 들었고 귀에 익숙한 말들은 예기치 않게 기억장치 속에 저장된다. 특히 아직 어린 시절 정체성이 확립되기 전에 기억장치 속에 저장된 말들은 그물망에서 걸러지는 단계를 거치지 않고 자기도 모르게 그대로 내면에 자리 잡아 버린다. 그러한 것들이 일상으로 올라와 의도치 않은 습관을 형성한다.

말은 어린 시절 부모에게서만 물려받는 것이 아니다. 성인이 되어서는 부부 간이나 직장상사 혹은 동료, 친구의 영향도 많이 받는다.

TV 프로그램 〈엄마가 뭐길래〉에서 사춘기 아들과 갈등을 빚고 있는 예능인 조혜련의 어린 시절 숨겨진 아픔이 적나라하게 공개되었다. 조혜련은 여덟 명의 형제 중 다섯째로 태어났다. 아들이 귀한 시절, 딸만 넷을 둔 그녀의 어머니는 다섯째 임신 중 호랑이 꿈을 꾸고 아들이라 확신한 채 조혜련을 낳았고, 믿음을 무참히 배신한 딸을 죽으라고 두꺼운 이불 밑에 넣어두었단다.

그러나 인명은 재천이라고 그녀는 질긴 운명을 타고 살아가야만 했다. 부모는 인정을 베풀지 않았으며 조혜련은 독한 말, 모진 말을 들어가며 성장했다. 여리고 어린 아이가 냉정하고 차가운 엄마의 말에 베이고 상처 받으며 버티고 살아왔다. 그러는 사이 조혜련은 그런 혹독한 대우에도 견딜 만큼 강해지는 것만이 자신을 지키는 길이라 생각했고, 자신의 존재를 드러내기 위해 더 열심히 살아야만 했다.

그녀를 알고 있는 시청자들은 조혜련의 억척스럽고 도전적인 모습을 보며 칭송했지만 정작 그녀의 아이들은 그렇게 활기찬 엄마의 그늘에 가려져 늘 외로웠다. 그녀는 어린 시절 들어서 학습한 지적과 원망과 비난의 말을 자녀들에게 습관처럼 해왔던 것이다. 사랑 받지 못하고 자란 그녀는 자녀들을 진정으로 사랑하는 방법과 표현하는 방법을 몰랐다. 위로와 격려, 칭찬과 사랑을 받지 못하고 살아가는 동안 비난과 불평, 원망의 말은 계속 대물림되고 있었다.

듀크대학교 연구진이 2006년 발표한 연구 결과에 따르면 우리가 매일 하는 말과 행동의 40%는 습관에 의해서라고 한다.

　부모의 역할이 참으로 중요하다는 사실을 다시 한 번 되새긴다. 당신이 지금 부모라면, 자녀에게 어떤 말을 주로 사용하는가? 어떤 말투, 어떤 표정으로 자녀를 대하는가? 당신은 어떤 부모 혹은 어떤 사람인가? 잠시 멈추어 자신을 돌아보자. '내가 도대체 무슨 짓을 한 거지?'

○

"친한 사람끼리 뭐 어때?"

말이란 상황에 따라서 누군가에게 힘이 되기도 하고 위로를 건네기도 하며, 좌절과 낙심과 절망을 안겨 주기도 한다.

시인이자 아동문학가 김옥림의 책 〈너 무슨 말을 그렇게 해〉에는 이런 말이 있다. "사람은 언제, 어느 때에 어떤 상황이 될지 모른다. 사람은 누구나 동등한 인격과 가치를 지녔다. 함부로 부정적으로 속단하는 것은 상대를 모욕함은 물론이고 스스로의 무지를 드러낸다."

친할수록 말과 행동에 신중해야 한다
—

알렉산더에게는 클레토스라는 친구가 있었다. 그는 장군

의 신분이지만 황제의 신망을 받는 친구이자 신하로서 마음껏 권력을 누리고 있었다. 알렉산더는 친구인 클레토스가 옆에 있다는 사실만으로도 천군만마를 얻은 것처럼 흡족해 했으며 항상 그를 믿고 의지했다.

어느 날 클레토스가 연회장에서 술에 취해 알렉산더에게 함부로 말하며 추태를 부린 사건이 발생했다. 아무리 가까운 친구더라도 감히 왕 앞에서, 그것도 다른 사람들이 보는 앞에서 추태를 부리는 행위는 황제를 모욕하는 커다란 잘못이었다. 황제인 알렉산더는 클레토스의 행동에 크게 진노했다. 화를 참지 못한 그는 홧김에 클레토스에게 창을 던지고 말았다. 친구를 죽일 의도는 전혀 없었지만 욱해서 던진 창은 이미 날아갔고 클레토스는 그 창에 맞아 죽었다.

전 세계를 정복한 그였지만 자신의 분노를 다스리는 일에는 실패한 것이다.

성경은 "노하기를 더디하는 자는 용사보다 낫고 자기의 마음을 다스리는 자는 성을 빼앗는 자보다 나으니라(잠언 16장 32절)"고 말한다.

우리는 가까운 사람을 좋아하면서도 함부로 대하고 가볍게 여기는 경향이 있다. 나와 가까운 사람은 내 삶의 한

부분에서 분명한 영향을 끼치기 때문에 서로 화평해야 한다. 그러나 사람들은 가깝다는 이유 하나로 무엇이든 용납하고 이해하며 받아주리라 생각하는 오류를 범한다.

친한 관계일수록 더 많이 상처받는다는 사실을 잊지 말자. 너무 가깝기 때문에 피해갈 수도 없다. 가까울수록 나의 작은 움직임도 상대에게 고스란히 전달된다. 그렇기 때문에 적당한 거리를 두는 것은 상대에게 직접적인 상처를 주지 않는 현명한 방법이다.

명절이나 가족 모임에서 식구들이 모일 때, 가족이라는 이유로 모진 말을 쉽게 던지는 경우가 자주 있다. 그러고는 이렇게 변명한다. "가족이니까 이런 말을 하지 남이라면 하겠냐." 그러나 정작 가족이기에 더 많이 상처 받고 마음을 다치며 감정이 상한다는 사실을 다시금 떠올려야 한다.

남을 비방하지 말라

—

평소 친하게 지내는 사람일지라도 여러 사람들과 함께 그 사람을 비난하고 험담하기를 즐기는 사람들이 있다. 대부분의 사람들이 열등감이라는 부정적 감정을 가지고 있기 때문이다. 다른 사람, 특히 잘 아는 사람을 헐뜯고 비방하는 행동은 비방을 통해 자신의 열등감을 보상받고 싶은 심리이다. 상대에 대한 비난은 곧 '자신은 옳다' 는 전제를 성립시키는 과정인 것이다.

〈너 무슨 말을 그렇게 해〉에는 바로크 시대를 대표하는 '음악의 아버지' 바흐의 예화가 실려 있다.

바흐의 곁에도 그를 시도 때도 없이 비난하는 한 외국인 음악가가 있었다고 한다. 그런 사람이 곁에 있었으니 마음이 편하지 않았을 것이다. 마치 자신은 대단한 실력자인 양 타인의 음악을 자기 맘대로 평가하는 사람이 좋아 보일 리 없다.

바흐는 끓어오르는 화를 억누르며 그가 자신에게 한 것을 그대로 되돌려 주리라 마음먹는다. 그래서 친구이자 오르간 연주자인 요한 쿠레푸스에게 사연을 말하고 함께 그의 나쁜 버릇을 돌려주기 위한 계획을 세운다. 그리고 외국인 음악가의 연주회가 있던 날, 그들은 계획대로 일을 진행했다. 그 음악가는 자신의 음악을 의도적으로 평가절하하는 사람들의 말을 듣고 깊은 생각에 잠겼다. 그리고 그동안 평소 타인에 대한 비난을 일삼아 왔던 자신이 얼마나 어리석었는지 깨달았다.

소크라테스의 명언 "너 자신을 알라"와 성경 마태복음 7장의 "너는 어찌하여 형제의 눈 속에 있는 티는 보면서 네 눈 속에 있는 들보는 깨닫지 못하느냐?"는 말을 되새겨 보자.

남을 함부로 평가하며 그들의 성과를 비난하는 것은 교만이다. 비난은 곧 자신만을 옳다 여김이다. 그것은 부메랑이 되어 결국 자신에게 날아온다.

그 누구도 남을 비난할 수 없다. 타인을 평가하기 이전에 자신을 먼저 알고 살필 줄 아는 사람이 현명한 지성인이다. 진정으로 실력 있는 사람은 남들이 먼저 알아보는 법이다. 그러나 그 점을 시기하는 무리도 있을 수 있다. 열등감이 빚어낸 비방하는 말, 그런 날선 언어를 일삼는 사람이 되어서는 안 되겠다.

무심코 던진 한마디

—

넘어져서 생긴 상처는 시간이 지나면 서서히 회복되지만

말이 주는 마음의 상처는 너무나 예리하다. 시간이 흐를수록 그 깊이를 헤아릴 수 없고 누구도 짐작하지 못한다. 특히 인격을 모독하는 일에 있어서는 아무리 시간이 흘러도 절대 잊지 못할 만큼 영혼 깊숙이 상처를 남긴다.

그런데도 사람들은 자신의 물리적 서열과 심리적 서열을 앞세운다. 그런 사람들은 함부로 사람의 인격을 모독하고, 무례하게 대하고, 쉽게 업신여기고는 한다. 그들에게 배려와 예의는 너무나 먼 이야기이다. 삶은 변하고 세상도 변한다는 것을 그들은 알고 있지만 인정하지 않는다.

'왕따' 문제는 날이 갈수록 심각해지고 있다. 어른들도 그 일에 책임을 지고 관여하려 들지 않는다. 오히려 "팔은 안으로 굽는다"고 가해자인 자기 아이 편에서 피해자인 상대아이에게 책임을 전가하는 어른이 얼마나 많은가.

아이의 미래는 예측할 수 없다. 학창 시절 아무리 성적이 우수하고 훌륭한 환경에서 걱정 없이 자란 아이라고 해서 반드시 훌륭하게 성장하리라는 보장은 어디에도 없다. 실제로 성공한 사람들은 어렵고 힘든 과정을 겪으며 실패를 자원으로 삼아 탄탄하게 일어선 경우가 많다.

중소기업 사업가로 성공한 K씨도 학창 시절 왕따를 당하며 힘겨운 시절을 보냈다. 그는 어려운 환경 속에서도 열심을 다해 반드시 성공하리라는 일념 하나로 살았고 결국 성공했다. 아이러니하게도 학창 시절 자신을 괴롭히기를 즐기던 동창생 한 명이 자신의 회사 경비라는 사실을 알게 되었다.

그가 K씨를 괴롭히며 하던 말 중 하나가 "꼬바리 주제에"였다. 그랬던 동창이 지금은 부하직원이 되어 고개를 조아리고 K씨의 눈치만 살피는 사람이 되어 있었다.

중학교 시절부터 친구들에게 따돌림 당하던 여학생이 있었다. 성인이 된 그는 좋은 집안의 남자와 결혼한 후 사모님 소리를 들으며 명품을 몸에 두르고 고급 승용차를 몰고 다닌다. 삶이 완전히 바뀐 그녀를 목격한 옛 친구들은 그를 극진히 대접했지만, 안타깝게도 그 여성은 옛일을 아주 생생히 기억하고 있었다.

이렇듯 사람의 일이란 누구도 알 수 없다. 지금 당신이 무시하는 사람이 언젠가는 한 집단을 거느리는 리더가 되어 당신의 머리를 조아리게 할 수도 있다.

세상에 태어나 소중하지 않은 사람은 없다. 지금 상황이 어떠하든 모든 인간은 동등한 인격체이며 존중받을 권리가 있다. 그들의 마음에 상처를 남기는 말 한마디는 더욱 날카롭게 벼려진 비수가 되어 자신에게 돌아옴을 기억해야 한다.

○

말에도 규칙이 있다

말하는 힘이 센 사람이 있는 반면 듣는 힘이 센 사람도 있다. 말하는 힘이 센 사람들은 주위를 살펴가며 자신의 말로 분위기를 휘어잡으려고 한다. 그들은 다른 사람의 말을 존중하지 않으며 그들이 말할 기회를 습관적으로 박탈해 간다. 주변 사람들이 자신의 언행을 어떻게 생각하는지 따위는 관심도 없고 자신의 행위 자체를 깨닫거나 인정하지 않는다.

말을 독점하는 사람

매주 두어 시간 운영되는 소모임이 있었다. 처음엔 다들 서로 잘 모르는 상태였기에 나도 긍정적인 생각을 가지고 그 모임에 몇 번 참석했다.

유독 한 사람이 눈에 띄게 말을 많이 했다. 리더가 모임을 시작하기가 무섭게 그는 남의 말 중간 중간에 끼어들어 모임의 흐름을 반복적으로 끊어대기 일쑤였다. 정작 말을 주도해야 할 사람은 입을 다물었고 분위기는 묘해졌다.

첫 모임이 끝나고 몇 주가 지나 다시 한 번 그 모임에 참석했다. 그날도 처음과 전혀 다르지 않았다. 다만 첫 모임에 참석했던 사람들은 아무도 보이지 않았다. 모임의 의도와는 다르게 흘러가는 분위기가 불쾌하기까지 했다. 그래도 좋은 취지의 모임이어서 나는 불평이나 비난을 하지 않았다.

그렇게 또 여러 달이 지나고 세 번째로 모임에 참석했는데, 분위기가 썰렁하기 그지없었다. 참석한 사람은 리더와 문제의 그 사람 그리고 내가 전부였다.

여전히 그 사람이 두어 시간 동안 자기 말만 하느라 정작 알고 싶었던 유익한 학습과 정보는 들을 수 없었다. 모임이 끝난 후 리더와 둘만의 시간을 가져서, 미안하지만 이제는 모임에 참석하지 못할 것 같다고 말했다. 이유는 하나였다. 즐겁고 행복하고 유익해야 할 자리가 불쾌하고 짜증나는 자리가 되기 때문이다. 내가 그 모임에 시간과 에너지를 투자하면서 유익은커녕 부정적인 기운을 받을 필요가 무엇이겠는가. 리더는 맡은 임무를 다하기까지 모임을 해체할 수 없어 지속하고 있지만 탈퇴하겠다는 내 마음을 이해한다고 말했다. 알고 보니 십여 명 되는 사람들 모두 나와 같은 이유로 탈퇴했다.

말이 센 사람들은 다른 사람의 이야기를 들을 줄 모른다. 그들은 말의 주도권을 쥐는 것으로 자신의 정체성을 드러내려 한다. 말을 주도함으로써 자신의 힘을 과시하고 심리적 서열을 높이려 한다. 그러나 이는 잘못된 습관이자 착각이다.

　남의 말을 경청하는 사람들은 상대가 하는 말의 내용이 무엇을 뜻하는지 이해하려고 노력한다. 상대가 하고 싶어 하는 말이 무엇인지, 무엇을 원하는지 상대의 입장에서 그와 호흡을 맞춰가며 공감하며 수용한다.

　반면 말하기를 좋아하는 사람은 자신의 생각과 다른 사람들을 쉽사리 비난하고 비평한다. 때로는 조언과 칭찬, 위로를 하기도 하지만 그 또한 자신을 드러내고자 하는 습관적인 행위에 머물기 일쑤이다.

　인간 본능 중에는 교정반사가 있다. 당신은 어떤가. 상대의 잘못된 생각이나 행동, 문제점들을 고쳐주고자 많은 에너지를 소모한 적이 없는가. 그러나 그러한 교정반사가 강하게 작용할수록 상대는 더 강하게 저항한다. 자신이 옳다고 여기기 때문이다.

물론 교정반사 작용은 선한 의도에서 시작된다. 그러나 그 또한 모순이다.

스스로 깨닫는 것이 중요하다. 무조건 내 생각이 옳은 것이 아님을 인정하고 다른 사람은 나와 생각이 다르다는 사실을 인정하면 자신의 생각을 고집할 이유가 없다.

대화는 일방적일 수 없다. 특히 듣는 입장에서는 말하는 입장에 있는 사람의 이야기를 경청하는 것이 미덕이다. 적절한 타이밍에 자기 의견을 말하는 것도 중요하지만, 말하는 사람의 이야기를 끊어버리거나 자신의 의견만 밀어붙여서는 안 된다. 상대에 대한 예의가 아니고 자신의 입장만을 세울 일도 아니기 때문이다.

화를 가라앉히는 지혜의 말
—

아무런 관계를 맺지 않고 혼자 살 수 있는 사람은 없다.

우리는 태초부터 관계 속에서 존재하며 혼자서는 살 수 없는 존재이다. 특히 가족 구성원이나 아주 가까운 지인들과 더불어 관계를 이룰 때 우리는 기쁨과 슬픔, 아픔과 고통, 기대와 희망을 함께 나눈다.

그러나 살면서 좋은 일만 있을 수는 없다. 서로 자신의 생각이나 입장만 주장하기도 하고 상대에게 심한 말을 하기도 하며, 분노의 감정도 품는다. 한 번 다친 마음의 상처를 치유하기는커녕 악화된 감정을 그대로 끌어안고 당장이라도 그 상처를 똑같이 되돌려 주고 싶은 마음을 키운다. 그럴 때 상황을 지혜롭게 풀어줄 한 사람만 가까이 있어도 관계는 악화되지 않는다. 그런 능력이 있는 사람들은 서로의 입장을 이해하고 화가 들어 있는 마음을 차분히 가라앉혀 예기치 않은 불화를 미연에 방지해 줄 수 있다. 이런 사람들이 주변에 있다면 참으로 다행이다.

미국의 16대 대통령 링컨이 부하 직원의 분노를 잠재웠던 일화가 있다.

링컨은 자신을 능멸하고 멸시한 부하 직원에게 분을 품은 장관을 다독여 오히려 불의를 행한 직원을 부끄럽게 만들었다. 그는 장관에게 이렇게 말했다.

"자네가 그에게 분을 내고 경고하는 것을 잠시 접어둔다면 그는 자네의 인격을 위대하게 평가하고 다시는 그런 경솔한 언행을 하지 않을 걸세."

장관이 사적인 감정으로 그 일을 처리했다면 어쩌면 유능한 인재를 잃었을지도 모르는 일이다. 그러나 한 템포 쉬어가라고 권면한 링컨의 처신은 화가 난 장관의 위신을 세워 준 동시에 경솔히 행한 직원을 부끄럽게 했으며, 훌륭한 인재를 잃는 어리석음을 면케 하기도 했다. 지성인의 언어는 이처럼 나라와 사회를 위한 중요한 해결책을 제시한다.

분노는 대개 가까운 사람들로 인해 많이 발생한다. 가까운 만큼 나를 더 이해해 주고 내 편에서 나를 지지하고 옹호해줄 사람이라는 믿음 때문이리라. 그 믿음이 조금이라도 흔들리면 화가 올라와 분노라는 형태를 띠기 쉽다.

성경의 잠언은 "어리석은 자는 자기의 노를 다 드러내어도 지혜로운 자는 그것을 억제하느니라"고 말한다.

분노에는 폭발하는 성향이 들어 있다. 상호 이해와 수용 없이는 쉽게 가라앉지 않는다. 설령 가라앉는다 해도 그것은 겉으로 보이는 단면일 뿐 화는 쉬이 사라지지 않는다.

그러나 지성인의 현명한 말 한마디가 불화로 악화될 뻔한 화를 면하는 데 큰 도움이 된다. 링컨의 지혜로운 충고처럼 말이다.

할 말이 많아서
—

말하고 싶은 욕구는 먹는 욕구만큼 강하다고 한다. 먹는 욕구와는 달리 자신을 표현하고 드러내고자 하는 욕구이기 때문에 어쩌면 가장 강한 욕구라고도 할 수 있다.

말 못해서 생기는 화병이나 스트레스 사례만 봐도 얼마나 그 욕구가 크고 중한지 짐작할 수 있다.

그런데 말하고자 하는 욕구가 유별나게 강한 사람들이 있다. 그들의 입은 쉴 새 없이 움직인다. 어디에서든 누구하고든 말하고 싶은 욕구가 참아지지 않는다. 정말 짜증나고 듣기 싫을 정도로 관심도 없는 자기 얘기와 시시콜콜한 일들을 가지고 몇 시간씩 수다를 떠는 사람들을 종종 보곤 한다.

나이가 들면 말이 많아진다고 하는데 이는 무의식의 발

현이다. 연로하여 설 곳을 점점 잃어가면서 정체성마저 희미해지기 때문에 자신이 아직 살아 있음을 증명하고 싶은 것이다. 그들 중 대부분은 자기가 얼마나 말을 많이 하는지조차 인식하지 못한다.

젊은이들 중에도 유난히 자신을 드러내며 말이 많은 사람들이 있는데 이들의 특징 역시 정체성 발현이다. 다른 사람들에게 쉽게 가려지는 자신의 존재를 드러내려는 몸부림이다. 이들은 누군가가 자신의 말을 끊으면 매우 분노한다. 열등감도 심하기 때문에 말을 하지 않으면 자신의 존재의식마저도 희미해진다. 말하는 중간마다 "내 말 좀 들어봐"라는 표현을 양념처럼 사용한다.

말이란 자신을 나타내는 수단이자 방편이다.
하지만 지나치게 말이 많은 사람들은 자신도 모르게 불필요한 이야기들을 마구 쏟아내기 때문에 실수하기 쉽다. 평소 나의 말수는 어느 정도인지 돌아보자. 나도 모르게 말이 많아진 자신을 볼 수도 있고 그러한 평을 듣고 있을 수도 있다.

지나치게 말이 없는 것은 그리 큰 문제가 되지 않는다. 그러나 지나치게 말이 많은 것은 큰 문제가 될 수 있다.

○
잔인한 솔직함

"개에게 물린 사람은 반나절 만에 치료를 받고 집으로 돌아가고, 뱀에게 물린 사람은 3일 만에 치료를 받고 집으로 돌아가지만, 사람의 말에 물린 사람은 아직도 입원중이다"라는 말이 있다.

사람의 입에서 나오는 말은 치유하는 능력도 있지만 날카로운 칼날과도 같은 무서운 도구가 될 수도 있다. 긍정의 말은 긍정적인 상황을 만들고 부정적인 말은 부정적인 상황을 만들어 낸다. 그러니 우리는 어떤 말투를 사용해야 할 것인가? 그 또한 선택이지만, 말은 그 사람의 인격을 대변한다는 사실은 변하지 않는다.

솔직한 말의 의도

—

"정신 차려, 이 친구야. 그 사람은 네게 관심이 없어."
한 여성을 짝사랑하는 남성에게 그의 친구가 건넨 말이다.

"솔직히 말해야 할 것 같아서 그러는데, 어제 저녁에 그 여자가 다른 남자랑 다정하게 걸어가는 걸 봤어."

용기가 부족했던 남자는 좋아하는 여자에게 고백 한 번 못해보고 친구의 말만 듣고 포기하기에 이르렀다. 사실은 그를 단념시키려는 친구의 의도된 솔직함이었다.

물론 거짓은 아니었지만 여자와 함께 있던 남자가 누구 인지 정확히 알지는 못했다.

그녀 역시 평소 관심을 보이던 남자가 어느 날부터 행동이 달라지자 심란해졌다. 둘은 서로에 대한 관심을 고백으로 표현하지는 않았지만 마음은 이미 짐작하고 있었던 것이다.

섣부른 남자의 포기도 문제였지만 확실치도 않은 관계를 언급하여 그에게 포기할 마음을 부추긴 친구의 무책임한 솔직함은 분명 문제가 아닐 수 없었다. 그로 인해 두 남녀의 마음에 풍랑이 일어났으니 말이다.

친구의 경솔한 말 때문에 선남선녀가 한동안 방황하며

서로의 주변만 배회했던 실제 사례이다. 사실은 그 친구 역시 여자를 마음에 두고 있었던 것이다. 그러면서 그 사실을 말하지 않았고 같은 마음을 품고 있는 친구가 여자와 조금씩 가까워지려고 하자 경솔하게 행동한 것이다. 그러나 진실은 드러나는 법, 남녀는 오해를 풀었고 2년 후 결혼에 골인했다.

이렇듯 누군가의 솔직함에는 어떤 의도가 숨어 있을 수 있다. 특히 나에게 아무런 이로움이 없는 말은 더욱 그렇다.

솔직함이 항상 좋은 것은 아니다. 때로는 경솔한 솔직함으로 인해 누군가의 삶이 무참히 망가질 수도 있다. 솔직함을 재촉하지 말자. 때로는 씻을 수 없는 상처가 될 수 있기 때문이다. "모르는 게 약"이라는 말은 이럴 때 사용되는 것이 아닐까.

누구도 소중하지 않은 사람은 없다
—

왕따 문제는 어제 오늘의 일이 아니다. 이미 심각한 사회 문제로 확대되었다.

지인 중 한 여성은 홀몸으로 두 자녀를 양육하고 있었다. 어려운 환경 때문에 아이들을 세심하게 보살필 힘이 없었다. 어느 날 그녀는 학교에 가기 싫어 길에서 방황하는 아들을 보았다. 아이를 추궁한 결과 놀라운 사실을 알게 되었다. 아들은 학교에서 무리지어 다니는 몇몇 동년배들에게 집단 따돌림을 당하고 있었다. 물품을 갈취당하며 협박과 조롱까지 당하고 있었던 것이다. 아이는 어머니와 여동생에게 피해가 갈까 두려워 말도 못하고 혼자 끙끙 앓으며 하루하루를 힘겹게 버티고 있었다.

　다행히 학교 성적이 좋았던 아이는 스폰서를 자청한 교회 장로님의 도움으로 일류대학을 졸업할 수 있었고 알아주는 회사에 입사해 지금은 대학원 수업까지 병행하고 있다. 그는 자신의 꿈을 정하고 그 꿈을 이루기 위해 오늘도 열심히 달리고 있다. 자신에게 주어진 일에 최선을 다하면서 큰 꿈과 포부를 가지고 건강하게 살아가고 있다.

　그가 그토록 훌륭하게 성장하는 동안 그를 괴롭히고 조롱했던 친구들은 어떻게 되었을까? 전해 듣기로는 대부분 대학에 가지도 못했으며 군대를 제대하고 취직도 못한 채 피시방을 전전하고 있다고 한다.

사람의 일은 한치 앞도 모르는 법이다. 만약 당신에게 이러한 경험이 있다면 어떻겠는가?

만약 당신이 가해자였다면, 당신이 괴롭히고 따돌렸던 친구가 훌륭하게 성공하여 만인의 본이 되는 사람으로 서 있을 때 그와 마주선 당신의 모습을 떠올리기 바란다. 어릴 적 그토록 초라하고 보잘것없어 보였던 사람이다. 당신이 가했던 타격들을 고스란히 기억하고 있는 그에게 당신은 무어라 말할 수 있겠는가?

경멸하거나 조롱받아 마땅한 사람은 세상 어디에도 없다. 당신은 물론 모든 사람은 소중한 존재 가치를 부여받고 이 땅에 부름 받았다.

만일 당신이 가해자의 입장에 있었다면 그 친구를 찾아가 보자. 그의 현재 모습이 어떠하든 그에게 친절히 다가가 자신의 철없던 행동에 용서를 구하기 바란다. 그의 상처가 씻을 수 없는 고통으로 남아 있을지라도 당신의 행동에 그는 크게 감동할 것이다. 용서를 구하는 용기 있는 행동은 그의 찢긴 상처들을 치유하는 놀라운 능력을 발휘할 테니 말이다.

상대를 존중하면 내가 높아진다

—

자존감은 정의의 두 원칙에 의해 보장되어 사회적 효율성을 높인다.

자존감은 타인에게 존경 받은 경험에 의해 형성된다. 다른 사람에게 존중받은 경험이 있는 사람은 상호 존중하는 마음을 인정하고 타인을 존중할 줄 안다. 더불어 자기 자신도 존중하는 법을 배운다. 그러므로 자존감이 높은 사람들은 타인을 존중하고 인정하는 데 인색하지 않다.

나보다 나를 더 잘 아는 사람이 있을까. 내게도 다른 사람들이 모르는 많은 약점들이 있다.

언젠가 지인에게 나의 약점을 고백했다가 크게 실망한 적이 있었다. 그저 위로 받고 싶었을 뿐인데 핀잔과 충고로 인해 오히려 상처만 입었던 기억이 있다. 이후 나는 오랫동안 개인적인 문제를 남에게 이야기하는 것이 두려웠다.

누군가에게 자신의 문제점들을 고백하고 자문을 구하기란 쉽지 않다. 그러나 상대를 믿는 마음에서 자신의 약점 등을 솔직히 고백할 때가 있다. 누군가가 내게 자신의 치부를 드러내며 솔직한 감정들을 토로한다면 어떻게 받아들이겠는가?

완벽한 사람은 한 명도 없다. 나의 눈에 비친 타인의 모습이 아무리 못나고 한심해 보일지라도, 그를 판단하거나 지적하고 비난할 자격은 누구에게도 없다. 자신의 약점을 고백하는 그 마음을 수용하지 못하고 그저 자기 생각이나 판단만을 앞세워 상대를 비난하거나 자존심을 짓밟는 말은 결코 해서는 안 된다.

상대의 말을 듣고 자신의 마음을 솔직히 말할 때에는 더욱 신중해야 한다. 무조건적인 솔직함이 다 좋은 것은 아니다. 말에는 생각의 거름망이 필요하다.

솔직함은 때로는 사람을 세우기도 하고, 넘어뜨리기도 하며, 살리기도 하고, 죽이기도 한다. 사람을 넘어뜨리거나 죽이는 솔직함을 항상 경계해야 한다.

2장 — 신뢰를 주는 언어

○

진심으로 존중하라

신뢰감은 두터운 장벽도 열게 한다

―

독일의 철학자 게오르크 헤겔은 "마음의 문을 여는 손잡이는 바깥쪽이 아닌 안쪽에 있다"고 말했다. 문 안쪽에 손잡이가 달려 있으면 안에 있는 사람만 문을 열 수 있다. 아무리 노크한들 안에서 손잡이를 돌려 열지 않으면 문은 열리지 않는다.

인생에 있어서 신뢰가 얼마나 지대한 영향을 끼치는지 오랜 세월을 살아온 사람들은 경험을 통해 알고 있다. 사회는 물론 규모를 막론하고 모든 조직에서 신뢰 없이는 아무것도 할 수 없다. 특히 인간관계에서 신뢰는 관계의 기본이 될 만큼 크게 자리한다.

미국의 사상가 랠프 월도 에머슨(Ralph Waldo Emerson)은 자기 신뢰가 성공하는 제1의 비결이라고 말했으며, 제롬 블래트너(Jerome Blattner)는 아무도 신뢰하지 않는 자는 누구의 신뢰도 받지 못한다고 말했다.

언젠가 TV 다큐멘터리에서 사냥개 세 마리가 멧돼지를 좇는 장면을 보았다.

자기보다 훨씬 크고 거대한 동물에게 주저 없이 달려들어 사냥하는 과정에서 다치고 찢긴 상처를 아랑곳 않고 물고 늘어지는 모습이 엄청나게 집요해 보였다. 개들 뒤에는 그들이 충성하는 주인이 멧돼지를 향해 총을 겨누고 있었다. 그는 쓰러져 있는 멧돼지에게 다가가 포획했으며 다친 사냥개를 끌어안고 정성껏 치료해 주었다.

물론 개는 주인에게 충성을 다하는 동물이다. 그러나 그 또한 신뢰감이 형성되어 있지 않으면 불가능한 일이 아닐까.

〈동물농장〉이라는 프로그램에서 식용견들이 주인은 물론 사람들을 경계하며 울부짖는 모습을 보았다. 식용으로 사육되던 개들은 부모 형제나 동료가 사람에 의해 처참히 죽어 나가는 광경을 바로 옆에서 목격했을 것이다. 그런 개들에게 사람은 신뢰할 수 없는 두렵고 무서운 대상일 뿐이다. 그런 사람을 보고 꼬리를 흔들며 반겨줄 리 없다. 같은 동물이라도 어떤 경험을 했느냐에 따라 사람과 주인에 대한 신뢰감의 유무는 다를 수밖에 없다.

하물며 인간관계는 어떻겠는가. 자신을 무참히 해하지는 않더라도 감정에 따라 신뢰의 정도는 크게 달라진다. 건강하고 진실된 신뢰의 형성은 서로에게 큰 유익이 되며, 상생효과를 주는 밑알이 된다.

침묵의 힘

—

침묵은 비언어 커뮤니케이션 중 가장 강한 효력을 지닌다.

침묵은 감히 말로 다 표현할 수 없는 여러 의미를 담고 있으며, 누구도 짐작하지 못할 만큼 심오한 감정과 언어를 포함한다. 침묵에는 시공간을 초월한 울림이 있으며 사람들의 마음에 진한 감흥을 준다.

우리는 초원을 내달리는 야생마처럼 매순간마다 자신을 드러내고자 너무 쉽게 빨리 말을 내놓는 데 익숙하다. 그렇지 않으면 자신이 도태되거나 뒤로 밀려나 존재감을 잃을까 두려워한다. 하지만 그런 태도는 오히려 자신을 가벼운 존재로 전락시키는 결과를 초래하고 만다.

때로는 침묵해야 한다. 시기에 맞는 침묵은 그 사람의 가치를 높이는 역할을 한다. 침묵해야 할 때 침묵하지 못하고 분별없이 나섰다가는 자신의 가치만 낮출 뿐이다. 섣불리 나서는 사람의 발자취에는 '후회'와 '실수'의 흔적만 늘어난다. 침묵을 금으로 여기는 사람은 가볍지 않다. 많은 사람들이 그를 믿고 신뢰하며 일부러 찾고 싶은 마음마저도 들게 하는 힘을 갖게 된다.

〈후흑학〉은 신이 인간에게 하나의 입과 두 개의 귀를 준 이유가 귀의 역할이 입의 역할보다 훨씬 중요하다는 점, 듣는 것이 말하는 것보다 더 중요하다는 점을 알게 하기 위함이라고 말한다.

침묵은 가장 강력한 언어이며 때로는 날카로운 창이 되기도 한다. 침묵을 지키는 사람은 자신의 의도를 드러내지 않음으로 사람들에게 압박감을 줄 수 있다.

19세기 영국의 정치가 찰스 드빌 훈작사도 자신의 아들에게 "남보다 똑똑해야 한다. 하지만 네가 더 똑똑하다는 사실을 상대에게 알리지 마라"고 조언했다.

한 가지 유념해야 할 일이 있다. 침묵에는 행동이 뒤따라야 한다는 사실이다. 미국의 FBI요원들이 업무를 수행할 때 지켜야 할 하나의 규칙이 '말보다 행동으로'이다. 이 것이 바로 그들의 생존 법칙인 것이다.

말이 앞서는 사람들은 결국 후회와 자의식의 패배를 쌓아간다. 이들은 겉으로는 표현하지 않지만 매번 자신의 경거망동을 들키지 않으려고 몸을 뒤로 뺀다. 그러나 행동하는 사람들은 말을 아끼며 행동을 먼저 하고 말은 그 뒤를 따른다. 사람들은 결국 말이 적은 사람을 신뢰하기 마련이다.

하고 싶은 말이 많은가? 잠시 멈춰 한 템포만 쉬어가자. 말에 있는 날카로운 가시를 골라내기 위해 잠시 멈추는 것도 지성인이 소유한 지혜이다.

말은 간단하고 명확하게

—

요즘은 어느 자리에 가든 자신을 소개할 일이 많다. 이에 당황하지 않으려면 간단하게 자신을 소개하는 문장을 평소 연습해 두는 것이 좋다.

대학 동문과 후배들이 한 자리에 모인 적이 있었다. 사회자는 처음 보는 사람들도 많고 오랜만에 만난 사람도 많으니 각자 자기소개를 하자고 제안했다. 예전부터 가끔 대면했던 한 선배 차례가 되었다. 그는 간단하게 인사하겠다는 말부터 시작했지만 그 간단한 인사는 10분을 넘어 20분이 지나도록 끝나지 않았다. 이러다가는 자기소개만 하다가 행사가 끝날 지경이었다. 다음 순서를 기다리는 사람은 물론 그의 소개를 경청하던 사람들도 조금씩 산만해지기 시작했다. 나는 진행자에게 무언의 사인을 보냈고, 진행자는 난처한 상황을 지혜롭게 대처하기 위해 무진장 애를 썼다. 그 선배의 말은 한마디도 사람들의 귀에 남지 않았고 그저 지루했던 상황만 기억되었다.

한 언어학자는 성인의 최대 집중력은 18분이라고 말한다. 18분 이상이 되면 집중력이 떨어지고 들었던 내용마저도 잊어버리기 쉽다. 마크 트웨인은 "목사의 설교가 20분을 넘으면 죄인도 구원 받기를 포기한다"고 말했다. 아무리 훌륭하고 감동적인 내용이라도 길면 길수록 듣는 이의 마음속에서는 정점을 찍고 내리막을 탄다. 이처럼 남의 이야기를 길게 들어주기란 쉽지 않다.

말을 많이 해야 잘하는 것이 결코 아니다. 그런데도 사람들은 말을 유창하게 늘어놓아야 잘하는 것이라고 착각하기 쉽다.

길지 않은 시간 동안 자신의 생각이나 느낌을 짜임새 있게 전달하는 요령이 필요하다. 오히려 짧은 시간 동안 꼭 필요한 내용을 전달하고 군더더기 없이 깔끔하게 마무리하는 기법을 활용한다면 듣는 사람이 이해하기 쉽고 확실하게 그 사람을 기억할 수 있게 된다. 자기를 소개하는 시간은 가능한 3분을 넘기지 않는 것이 좋다. 김미경의 〈아트스피치〉를 보면 A-B-A법칙이 있다. 초입에 말하려는 주제를 말하고 본론에 이어 다시 주제로 돌아와 마무리하는 기법이다. 짧은 시간 동안 자신을 어필하는 데 가장 효과적인 방법이다.

이것은 예수님이 가르쳐준 '주기도문'에서도 적용된다.

A: 하늘에 계신 우리 아버지여 이름이 거룩히 여김을 받으시오며~

B: ……

A: 나라와 권세와 영광이 아버지께 영원히 있사옵니다.

말은 짧게 하되 억양과 어투는 명확해야 하며, 적당한 속도를 유지해야 한다. 이 모든 말의 태도가 듣는 사람에게 영향을 끼친다.

○
세 살 먹은 아이에게 배우라

'불치하문'이라는 말이 있다. 지위나 신분, 나이나 학식이 자신보다 못한 사람일지라도 모르는 것을 묻기를 부끄러워하지 말라는 뜻이다. "팔십 노인도 세 살 먹은 아이에게 배울 점이 있다"는 우리 속담도 있다. 아무리 어리고 경험이 적은 사람이라도 그들에게 배울 점이 있다는 말이다. 탈무드에도 이런 말이 나온다. "세상에서 가장 현명한 사람은 누구에게든 무엇인가를 배운다."

무언가를 배우려면 지위도 체면도 나이도 가리지 말아야 한다. 그런 것들에 얽매여 배움이 체면을 깎는 행위로 생각되는가? 당장 그런 생각을 비워내야 한다.

지적능력을 과시하지 말라

우리 주변에도 그런 사람들이 있다. 지식이 매우 해박하여 다른 사람보다 자신이 훨씬 앞선다고 생각하는 사람 말이다. 그들은 누군가가 요구하지 않아도 자신이 아는 것의 일부를 드러내면서 지적 만족도를 높인다. 마치 시소를 타듯 자신을 높여 남을 낮추고자 한다. 그런 의도가 없더라도 결과는 마찬가지다.

이들은 지식을 구하거나 취할 때에도 자기 견해를 드러낸다. 타인에게 배우는 와중에도 자신의 의견을 첨가한다. 가르침 당하는 상황을 견디지 못하기 때문이다.

그들은 자신의 견해가 최고인 양, 마치 모든 것을 다 아는 듯 표현하며 단정 짓기도 한다. 그들을 바라보는 대부분의 사람들은 그 행동을 교만이라 여기고 불쾌함을 느낀다.

자신만이 아는 지식은 타인에게는 그저 불확실한 정보일 뿐이다. 설령 당신이 그들의 삶에 관여할 권리를 얻었다 해도 자기 지식만 앞세워 상대를 폄하하면 안 된다.

관계에서도 마찬가지이다. 제 아무리 방대한 양의 지식을 섭렵하고 그에 견줄 만한 정보와 경험을 보유했더라도 그것을 들어주기를 기뻐할 사람은 거의 없다. 오히려 자신의 열등함을 자극시키는 당신을 미움의 대상으로 삼을 수도 있다.

그러니 때로는 침묵하고 상대의 말을 경청하며, 그들에게 자신이 아는 이야기들을 설명하며 기뻐하고 만족감을 느낄 수 있는 기회를 주는 것이 좋다.

자존감이 낮은 사람들일수록 자신보다 월등한 사람들 앞에 서면 심한 열등감에 사로잡힌다. 그런 사람들은 우월한 당신을 끌어내리기 위해 당신의 약점을 찾으려 혈안이 될 것이고 당신에게 적대감을 갖게 될 것이다. 특히 온라인에서는 이러한 열등감이 더욱 적극적이고 쉽게 표현된다.

당신은 어떤 사람인가? 아는 것을 참지 못하고 적나라하게 드러내는 사람인가 아니면 상대의 말에 태클을 걸고 그의 오류를 하나하나 지적하는 사람인가?

상황에 따라 조금씩 차이는 있겠지만 상대의 말을 끊거나 그의 이야기가 잘못되었음을 지적하는 행위는 화만 자초할 뿐이다. 당하는 사람의 입장에서는 분하고 떨리는 마음을 금치 못할지도 모른다.

예를 들어

"그건 네가 잘못 알고 있는 거야."

"네 이야기는 믿을 수가 없어."

"말도 안 되는 소리 그만해."

어디에서든 여러 사람이 함께 의견을 제시하거나 대화를 나눌 때는 서로에게 말할 수 있는 기회가 균등하게 제공되어야 한다. 상관이거나 리더라고 하여 자신의 생각과 계획만 집중하고 타인의 의견을 무시하거나 가벼이 여긴다면 그 조직은 더는 발전을 기대할 수 없다. 아무리 좋지 않은 의견일지라도 '의견 따위'로 몰아붙여서는 안 된다.

진정으로 현명한 리더는 다른 사람의 말을 경청하고 그들의 의견에 귀 기울이며 서로의 생각을 존중하면서 조율해 나가는 사람이다.

재치 있는 말습관

나는 어렸을 적부터 말수가 적은 편이었지만 누군가를 설득할 때는 꽤나 수완을 발휘했다. 그래서 친구들은 부모님을 설득하거나 허락 받아야 하는 상황일 때 곧잘 나를 앞세웠다. 초등학생 시절부터 솔직하면서도 원하는 것을 얻어낼 수 있는 기술을 익히 알고 있었던 것 같다. 그분들의 입장을 충분히 배려하면서 마음과 감정은 거스르지 않는 나만의 노하우가 있었다. 비록 의도적인 처세라고 하더라도 그 자체가 나쁜 의도는 아니었다.

실수를 저지르거나 난처한 상황에 직면했을 때, 그것이 고의든 아니든 사유를 설명해야 할 상황이 있다. 이럴 때는 핑계를 대거나 거짓을 첨가해서는 안 된다. 솔직하게 말하면서 자신의 감정을 호소할 수 있어야 한다. 그 호소는 원망이나 미움이 아닌 전적으로 진실을 말해야 하며 그로 인해 빚어진 일에 대한 솔직한 감정을 말한다.

그러나 솔직함에도 함정이 있다. 그 솔직함이 상대에게 엄청난 상처를 줄 수도 있고 나아가 가슴에 씻지 못할 대못을 박을 수도 있다. 솔직함에도 불의한 사심이 얼마든지 들어갈 수 있기 때문이다.

윌리엄 브레이크는 "나쁜 의도로 말한 진실은 당신이 생각해 낼 수 있는 모든 거짓말에 맞먹는다"라고까지 말했다.

'모르는 게 약'이라는 말이 있다. 차라리 진실을 모르는 게 나을 때도 있다. 의도적인 행위에는 악한 사심이 들어 있기 마련이다. 관계를 악화시키고 단절시키려는 의도가 아니라면 남에게 상처를 입히면서까지 하지 않아도 될 말을 굳이 꺼내는 것은 미련한 행위다.

재치 있는 말과 행동으로 상황을 모면하고 지혜롭고 슬기롭게 난처함을 비켜가는 것이 무모한 솔직함보다 현명하다는 사실을 기억하기 바란다.

관심과 참견은 다르다
—

세상에 똑같은 사람은 단 한 명도 없다. 성격이나 성향은 물론 생각과 판단, 이해하는 척도도 모두 다르다. 그러니 말하는 내용은 하나지만 듣는 사람에 따라서 해석은 여러 가지로 달라질 수 있다.

내 생각에서 나오는 말과 상대의 생각에서 나오는 말이 의미하는 바가 달라 갈등을 빚을 때가 종종 있다. 처음엔 자기 의견을 내세우고 이해시키려고 노력하지만 받아들여지지 않으면 그때부터 갈등이 깊어지고 감정이 상하는 단계로 진행된다. 이는 자신이 알고 있는 것이 가장 정확하다고 생각하는 모순에서 비롯된다.

가정 안으로 눈을 돌리면 대표적으로 고부 간의 갈등

사례가 떠오른다. 세대 간의 차이와 세상의 변화를 인정하지 못하고 자신의 방법만 고수하고 고집하는 경우가 많아 마찰이 일어난다. 나이 지긋하신 어른들에게서 많이 볼 수 있는 자기주장의 힘은 권위와도 연결되므로 치열하다고 볼 수 있다.

그 밖에 이성친구나 부모형제, 이웃, 친구, 종교집단 등 주변의 많은 사람들이 당신의 삶을 궁금해 하고 간섭하며 참견하고자 하는 욕망을 가지고 있다.

십여 년 전 나의 가정에 불행이 닥쳐왔다. 그 과정에서 여러 사람들이 내게 무척이나 많은 관심을 가졌다. 특히 노령의 두 여성분은 단순한 관심을 넘어 극도의 불쾌한 감정까지 들게 하였다. 그들은 나의 일거수일투족을 감시하고 작은 정보라도 캐내려는 의도를 가지고 있는 듯했다. 나를 아는 사람들을 일부러 만나 나에 대한 일들을 물었고 자신의 생각과 추측을 남발하며 사람들의 눈을 흐리게 만들었다.

그중 한 명은 나와 같은 교회를 다니던 권사님으로, 평소 믿음의 행위가 좋았던 분이셨다. 그러나 그분의 행동은 관심을 넘어서 자신의 호기심과 즐거움을 채우려는 듯했다. 진심으로 이웃에게 관심을 가지고 돕고 싶은 마음이 있었다면 직접 찾아와 말을 했어야지 뒤에서 여러 사람을 선동하고 그들에게 사실과는 전혀 상관없는 자신의 추측을 남발하는 행위는 하지 말았어야 했다.

진심으로 누군가를 위하고 관심과 애정을 표현하고 싶다면 필요 이상으로 간섭하거나 참견하는 행위는 하지 않아야 한다. 그것은 당신은 물론 상대방에게도 불쾌함을 줄 수 있고 상처를 입힐 수 있다.

언뜻 보기에 관심과 호기심, 간섭은 비슷한 듯하나 그 겉과 속은 매우 다르다. 대부분의 사람들은 자신이 타인에게 얼마나 많은 참견을 하고 있는지 깨닫지 못한다. 참견이 아닌 관심이라고 생각하기 때문이다. 의도적인 간섭은 아닐지라도 당사자에게는 명백한 참견이 될 수 있다.

진정한 관심은 정보를 캐내거나 일일이 묻고 따지는 것이 아니다. 제3자들과 더불어 그에 대한 일들을 추측으로 판단하고 잘못된 정보를 흘리는 것이 아니다. 이는 명백히 인격에 흠집을 남기며 상대에게 상처를 주는 행위이다.

사람은 누구나 자기 인생을 자기 방식으로 살아갈 권리가 있다. 그러나 누군가에게 해를 입히는 행위는 지성인으로서 옳지 않은 행위이며, 자신의 이미지도 실추시키는 일이다.

당신이 부모일지라도, 직장 상사나 상급자일지라도 자녀 혹은 아랫사람에 대한 지나친 간섭은 개인의 삶을 침범하는 행위이니 각별히 주의해야 할 것이다.

○
낙담으로 유도하는 사람

같은 일을 하고 같은 과정을 거치면서 같은 시련을 당할 때도 사람마다 그 시련을 맞이하고 대처하며 극복하는 과정에서 많은 차이를 보인다. 상황을 받아들이는 데 있어서 저마다의 의지가 다르기 때문이다.

자신을 향한 굳은 신념과 의지는 무엇이든 이겨내고 나아가는 데 큰 힘이 된다. 쉽고 힘 안 드는 일이 어디 있을까. 저마다 어려움이 있고 그에 따른 험난한 과정이 있기 마련이다. 언젠가 고 정주영 회장의 창업캠퍼스에 갔을 때 입구에 걸린 커다란 현수막이 눈에 띄었다.

"길이 없으면 길을 찾고 찾아도 없으면 만들면 된다!"

아산 정주영 회장의 명언이었다.

포기하는 순간 꿈은 사라진다

—

정주영 회장은 한국 경제의 주역으로 시대의 경제 발전에 한 획을 그은 인물이다. 그의 도전정신과 추진력은 현 시대를 사는 우리에게 많은 교훈을 준다. 어렵고 힘든 일 앞에서 바로 세우려는 의지 없이 '포기'라는 단어를 먼저 떠올리는 이들에게 그의 지치지 않는 열정은 크나큰 시사점을 준다. 끊임없는 인내와 강한 신념은 성공하고자 하는 자들의 기본 정신이다.

지성인의 언어를 구사하고자 한다면, 누군가의 일에 당신의 의사를 표현할 때 특히 신중해야 한다. 상대의 희망과 확신을 꺾는 말을 한 적이 있는가? 신중함을 담은 조언이었는지 몰라도, 그 한마디가 어렵게 용기 내어 힘들게 도전하려는 사람을 낙심하게 만들 수 있다는 사실을 잊지 말라. 그 한마디가 확신에 차 있던 한 사람의 신념을 무너뜨리기도 한다. 그래서 더욱 말에 신중을 기해야 한다. 많은 지식과 정보를 담았다고 하여 지성인의 언어는 아닐 터이다. 나의 말에 상대의 도전정신을 베는 예리한 칼날이 들어가 있지는 않은지 신중히 검토해야 한다.

간혹 나쁜 의도로 부정적인 말을 던져 상대의 사기를

꺾어버리는 사람들도 있다. 어떤 상황에서도 상대의 결정권을 뺏으려 해서는 안 된다. 결정권은 온전히 듣는 이의 특권임을 잊지 말자. 조언에서 끝내지 않고 상대가 백기를 들고 포기를 선언할 때까지 밀어붙여서는 안 된다.

신념과 의지가 확고하고 일에 신중을 기하는 사람들은 타인의 말에 귀를 기울이며 그 조언을 미래의 자양분으로 삼는다. 그러면서도 타인의 말 한마디로 자신이 하고자 하는 일을 포기하지는 않는다. 조언하는 자의 의지가 확고한 만큼 듣는 이의 의지도 확고하며, 오랜 시간 고민한 결과임을 염두에 두어야 한다. 그렇지 않으면 결국 조언이 아닌 강요만 남을 뿐이며, 부정적인 감정만 양산할 뿐이다.

신념과 의지가 약한 사람들에게는 더 큰 문제가 된다. 어렵게 결정한 일들을 응원하고 지원해 주는 대신 부정하고 좋지 않은 결과만을 상기시켜 사기를 꺾으려 해서는 안 된다. 그들이 갖는 용기의 이면에는 두려움이 크게 자리하고 있기 때문에 부정적인 말은 용기를 축소시키고 두려움을 키우는 씨앗이 된다. 나의 말이 둑을 무너뜨리는 작은 균열이 되지 않도록 조심해야 한다.

간혹 학교나 가정에서도 아이의 성적이나 행실이 좋지 못하다 하여 사기를 눌러버리고 그 아이의 삶을 형편없는 결과로 평가절하 하는 일이 있다. 아이가 지금 자신의 본분에 충실하지 못하더라도, 그에게는 감히 미루어 짐작할 수조차 없는 미래가 기다리고 있다. 아이 나름대로 거대한 포부가 있고 꿈꾸는 어른의 모습을 간직하고 있을 수 있다. 그런 무한한 가능성이 있는 아이들이 가족이나 사회가 조롱하는 말을 듣고 자란다면 자존감은 뿌리째 흔들리고 만다.

작은 유리병 속에 담긴 향기로운 가치가 허공으로 날아가지 않도록 도와야 한다. 아이들이 자신의 가능성을 무한히 신뢰하고 꿈을 이룰 수 있다는 확신을 갖고 살아갈 수 있도록 용기를 북돋워 주는 일, 그것이 바로 어른들의 역할이다.

말 한마디로 한 사람의 인생이 바뀔 수 있다

—

자동차 왕으로 불리는 헨리 포드는 "다른 사람을 격려할 수 있는 능력은 인생의 가장 큰 자산 중의 하나이다"라고 했다.

사람을 격려하는 헨리 포드의 방식은 전형적이지 않았다. 그는 혹독한 노동과 그에 따른 보수를 격려로 인식했다. 즉 노동한 만큼 돌려주겠다는 경영방식이었다. 자동차에 대한 의지가 분명한 사람이었기에 자동차 사업은 포드에게 남다른 의미가 있었다.

헨리 포드는 어린 시절 사경을 헤매는 어머니를 살리기 위해 말을 타고 의사를 부르러 갔다. 밤낮을 달려 의사와 함께 돌아왔을 때는 이미 어머니가 세상을 떠난 후였다. 사랑하는 어머니를 치료하기는커녕 임종조차 지키기지 못한 그는 슬픔을 딛고 일어서며 굳은 의지를 품고 선포했다.

'나는 달리는 말보다 더 빠른 것을 반드시 만들어 내겠다.'

그의 의지는 최초로 자동차 사업을 하게 된 원동력이 되었다. 자동차가 서민들에게 필요하다는 사실을 자신의 경험을 통해 절감하고 그의 전 생애를 걸었다.

선포의 힘은 이토록 강한 마력을 가지고 있다.

주변을 둘러보면 소위 가진 것도 가진 능력도, 발전 가능성도 전혀 없어 보이는 사람들이 간혹 눈에 들어온다. 그런 사람들을 볼 때 당신은 어떤 마음인가? 그들이 꿈꾸고 소망하는 일들을 말할 때 성공 가능성에 대해서 어떻게 말할 수 있는가? 그저 가능성 없는 헛된 꿈이라고 폄하하지는 않는가?

지금은 비록 형편없고 보잘것없어 보인다 해도 사람 일은 알 수 없다. 성공한 많은 사람들의 시작도 바로 그랬기 때문이다. 불가능한 일은 없다. 그들의 말이 너무 무모하고 어리석을지라도 들을 가치도 없다고 여겨서는 안 된다. 만약 세상이 당장은 가능성 없어 보이는 말을 무시하기만 했다면, 세상을 바꾸는 위대한 변화는 거의 일어나지 않았을 것이다. 스티브 잡스나 빌 게이츠, 에디슨… 굳이 이름들을 나열할 필요도 없다. 세상을 바꾸는 변화부터 시작해 우리 주변을 바꾸는 작은 것들까지 애초부터 가능성으로 충만한 일들이 과연 얼마나 되겠는가?

가능한 범위 안에서 현명한 선택을 할 수 있도록 그들을 지지하고 응원해 주어야 한다. 관련 정보를 알고 있다면 적절한 정보 제공으로 도움을 주는 것도 좋다.

"그건 말도 안 돼."

"쓸데없는 소리 하지 마!"

"그게 가능하다고 생각해?"

이런 말들은 사기를 꺾으며 때로는 적대감마저 줄 수 있다.

"모든 일은 가능하다고 생각하는 사람만이 해낼 수 있다"는 정주영 회장의 명언도 있다. 의욕이 충만한 사람에게 찬물을 끼얹는 냉혹하고 부정적인 말은 삼가야 한다. 그들이 말한 내용에 대해 지혜롭게 의문을 표하거나 "좀 더 생각해보자"라는 말로 일단 흥분을 가라앉히고 더 많이 고민하고 생각할 기회를 주는 것이 훨씬 더 효과적이다.

당신의 경우는 어떤가? 당신에게 힘과 격려, 위로의 말을 해주었던 사람들을 떠올려 보자. 커다란 힘이 되지 않았는가? 반대로 매사를 부정하고 반대하며 사기와 의욕을 꺾었던 사람들은 없었는가? 그들의 말은 내 삶에 어떤 영향을 미쳤는가?

하고자 하는 일과 계획한 일을 누군가와 나누는 이유는 힘과 용기를 얻고 싶어서일 경우가 많다. 내게 조언을 구하는 사람들에게 힘과 용기를 주는 일에 인색하지 말자. 그들의 의견을 인정하고 정서적 지원을 해주며 도움을 줄 수 있는 말들을 함으로써 좌절하거나 낙심하지 않도록 용기를 부여하는 일은 한 사람을 세우는 데 귀중한 토대가 된다.

성공을 가로막는 적

—

〈스타로부터 스무 발자국〉이라는 영화가 있다. 스타들의 무대 뒤에서 그들의 노래를 한층 돋보이도록 돕는 코러스를 담당하는 사람들의 이야기를 다룬 영화다.

어쩌면 그들의 노래 실력은 인기 스타들보다 대단할지도 모른다. 그러나 그들은 빛을 발하지 못하고 스타들로부터 스무 발자국 떨어진 뒤에서 스타들을 세워주는 역할을 담당할 뿐이다.

영화의 마지막 부분에서 그들이 왜 스타가 될 수 없는지를 깨닫게 해주는 이야기가 나온다.

자신에 대한 신념과 의지가 부족했기 때문이다.

그들도 가수가 되기 위한 꿈을 키웠으며 여러 번의 도전을 감행했다. 하지만 낙오된 자신을 발견하면서 계속 재도전하기보다는 꿈을 포기하는 쪽으로 방향을 선회했다.

"나는 이것밖에 안 되는구나."

"나는 더 이상 아무것도 할 수 없어."

스타들의 화려한 뒷모습을 보면서 한없이 작아진 자신과 만나는 것이다.

이 영화는 세상에서 가장 무서운 것은 바로 나 자신이

라는 깨달음을 준다. 다른 사람들의 비난이나 평가보다 그런 소음에 예민하게 흔들리고 반응하는 것은 바로 '나'다. 건강한 사람은 외부의 비난이나 평가에 쉽게 좌절하거나 낙심하지 않는다. 쉽게 얻는 성공이 어디 있는가. 그리 쉽게 얻을 수 있다면 도전이라는 말도 무색할 것이다. 그러나 우리는 다른 사람들의 평가에 쉽게 좌절한다. '나는 아무짝에도 쓸모없는 무능한 사람'이라는 낙인을 그 누구도 아닌 자신이 스스로 아로새기고 있다.

영국의 소설가 찰스 디킨스는 "성공은 사다리와 같다. 기회는 사다리의 긴 막대기고, 능력은 긴 막대기 사이에 댄 나무다. 긴 막대기만 있고 가로댄 막대기가 없으면 사다리는 쓸모가 없다"고 말했다.

실패는 성공한 사람들이 이용한 자원 중에서도 최고로 꼽힌다. 성공한 사람들은 "실패가 많을수록 성공의 크기도 커진다"고 말한다. 실패는 성공을 위한 큰 경험이기 때문이다. 사다리는 바로 기회와 능력 그리고 경험으로 만들어낸 도구이다. 주변에서 실패하고 낙심한 사람들이 있다면 그들에게 힘을 주는 말 한마디를 살포시 놓아주자. "실패가 있었기에 성공하는 법도 알게 되지 않았느냐"고.

○

확고한 자기신념

자신을 못 믿는 사람은 그 무엇도 할 수 없다.

'내가 해서 되는 일이 없었다'고 믿는 사람은 앞으로도 무엇이든 되는 일이 없을 것이다.

그러나 예전의 실패를 인정하고 자신의 부족함을 인정하는 사람은 그것을 보충하기 위해 자기계발에 열정을 보인다. 그들에게 성공은 자신의 삶을 위한 최선의 배려이기 때문이다.

"잘될 것이다, 할 수 있다, 믿는다"는 말을 평소 자주 사용하길 바란다. 긍정적인 말은 자기신념을 확고하게 하며 스스로 긍지와 자부심을 가지고 일을 해결해 나갈 수 있는 내적 에너지를 풍성하게 생산한다. 가능한 큰 소리로 말하라.

◎ 나는 할 수 있다.

◎ 나는 잘될 것이다.

◎ 나는 나를 믿는다.

말이란 다른 사람보다 내 온몸의 세포들이 먼저 듣는다. 세포 마디마디에 기억되는 것이 바로 내 입에서 나오는 말들이다. 큰 소리로 외쳐보자. 온몸의 세포 마디 관절 모든 기관이 힘을 얻어 당신을 도울 수 있도록 말이다.

긍정적인 사람과 함께하라
—

불신은 선언하면 할수록 더욱 견고해진다. 긍정 역시 마찬가지이다. 확신에 찬 선언을 하면 책임감이 생기고 그 믿음 또한 더욱 강해진다. 사람들은 자주 접하고 자주 듣는 것에 익숙해진다. 그 익숙한 것에 공감하며 그것을 정답처럼 믿는 경향이 있다.

때로는 여러 가지 관계된 일들에 대해서 매사에 부정적이고 비관적인 사람들과 관계를 단절하거나 제한할 필요가 있다. 부정적 성향이 짙은 사람들의 말에는 강한 불신이 포함되어 있어서 입 밖으로 나오는 즉시 부정적 기운이 타고 오른다. 출세에 대한 불만, 관계에 대한 불신, 잘못된 편견이나 실패에 대한 가능성 등 그들의 말을 자주 들으면 그 말이 사실이 된 듯한 두려움과 소심해지는 자신을 보게 될 수 있다.

반면 긍정적인 사람들은 다른 사람의 희망과 사기를 고취시킨다. 그들의 말에는 활기와 생동감이 있으며 듣는 내내 즐거운 감정을 느끼게 한다. 출세에 대한 기대와 희망, 관계에 대한 이해와 수용, 새로운 변화에 대한 용기와 도전의 힘, 성공하기 위한 자세나 동기부여 등, 긍정적 기운에 힘입어 어떤 상황에서도 자신감이 생긴다. 그들과의 교류에는 확신이 있고 기쁨이 있으며 행복이 있다. 더욱 발전할 수 있는 자신감을 갖게 되고 자기실현의 기회를 얻을 수 있다.

주변에 어떤 사람들이 있는지 살펴보기 바란다. 당신에게 힘과 용기를 주는 사람들, 낙담하게 하는 사람들, 아직 일어나지도 않은 일들을 온갖 부정적인 상황으로 몰아가는 사람들…… 어떤 사람들이 주를 이루는가? 당신에게 긍정적인 영향력을 미치는 사람들에게 감사를 표하자. 그들에게 감사함은 더욱 큰 긍정으로 돌아오게 되어 있다.

사람을 가리지 않고 만나는 것은 필요한 일이지만 관계에 매이는 것은 좋지 않다. 부정적인 영향을 주는 사람들은 가능한 피하는 것이 좋다. 당신 또한 말을 삼가고 다른 이들에게 긍정적인 영향을 끼치는 사람이 되도록 노력해야 한다.

긍정적인 상황을 준비하라

남보다 뛰어난 학식이나 재능이 있어야만 무언가를 할 수 있다고 생각하기 쉽다. 그러나 정작 남보다 뛰어나기 위해 노력한다거나 무언가를 실현하기 위해 자신을 계발하는 일에는 관심이 없다. 그저 천부적으로 주어진 환경이나 재능이라고 치부하고 자신은 아무것도 하지 않으면서 세상이 불공평하다고 말하는 것에 불과하다.

〈감성지능〉의 저자 대니얼 골먼은 성공하려면 지성보다 감성이 중요하다고 말했다. 지능지수(IQ)가 높은 사람들은 목표지향적인 경우가 많다. 목표에 초점이 맞추어져 있기에 과정은 그리 중요하지 않게 여긴다. 반면 감성지수(EQ)

가 높은 사람들은 목표를 정하되 그 과정을 중요하게 여기는 경향이 있다고 한다. 그래서 감성지수가 높은 사람들은 결과에 순응할 줄 알고 그로 인해 좌절하고 낙심하거나 의기소침해하지 않는다. 오히려 자기 능력을 최대한 발휘하면서 주어진 일에 최선을 다한다.

'미생물학의 아버지'로 불리는 루이 파스퇴르는 "기회는 준비된 자의 것"이라고 했다.

운동 선수들 특히 축구나 야구선수들이 이 말을 흔히 사용한다. 선수들은 '기회'란 혹독한 훈련을 통해 이루어 낸 성과임을 알고 있다. 그래서 더더욱 포기하지 않고 모진 훈련들을 강행해 나간다. 현재에 만족하지 않고 뛰고 또 뛰면서 자신의 기량을 더욱 끌어올리기 위해 고군분투한다. 한 번의 기회를 잡기 위해 그들은 일반인은 상상도 못할 혹독한 훈련과정을 겪는다.

거저 얻어지는 것은 아무것도 없다. 쉬지 않고 포기하지 않으며 신념과 확신, 훈련으로 무장된 사람만이 결과를 얻어 낸다.

아무것도 준비되어 있지 않다면 아무것도 기대하지 말라. 신은 복을 받을 그릇을 준비한 자에게만 은혜를 채워 주신다.

나보다 잘난 사람

—

너무나 자신만만한 나머지 다른 사람 위에 군림하려는 사람들이 있다. 그들은 남들을 하대하거나 가르치려는 준비를 '완비'한 듯 보인다. 자신이 하는 일이 최고인 듯 거들먹대며 다른 사람들의 환심을 사려 하고 관심을 끌려 한다.

이런 유형의 사람들(A)이 있다. 모든 일에 자신감을 갖고 있으며 자신이 하는 일에 실패는 없다고 자부한다. 긍정적이고 활동적이며 매우 경제적이다. 얼핏 보면 열정이 크고 활력이 넘쳐 보이지만 관계의 무대 뒤편에서 그들과 마주하면 완연히 피곤한 기색을 보이기도 한다. 실제로 이들은 건강한 정신과 신체를 갖고 있으나 그것을 과시하느라 과도하게 에너지를 방출한다. 게다가 뒷마무리에 약한 단점이 있어, 일을 벌이는 데 주저하지 않지만 뒤끝이 흐려 주변 사람들이 뒤처리하느라 애를 먹기도 한다.

이들과 비슷한 듯하나 다른 유형의 사람들(B)도 있다. 이들은 자신의 이미지에 관심이 많다. 실제로 유능하고 멀티플레이가 능숙하며, 모든 일을 완벽하게 처리해야 한다는 강박증을 가지고 있다. 자신감이 높고 긍정적이고 활동적이며 처세술 또한 상당해 많은 사람들의 관심을 받고 건강한 체력을 가지고 있다. 무슨 일이든 '하면 된다'라는 신념을 가졌다는 것이 이들의 특징이다. "할 수 있어, 하면 되지"라는 말을 자주 사용하며 주변인들에 대한 동기부여에 강하다. 또한 무슨 일이든 최고가 되고 싶어 한다.

A는 불도저와 같은 괴력으로 밀어붙이는 유형이고 B는 주도면밀한 면이 강하다. A가 굵직굵직한 용기와 힘을 가지고 있지만 약한 사람에게는 한없이 약한 반면, B는 기막힌 처세술과 임기응변에 능하면서 한없이 냉정한 사람이다.

모두가 같을 수는 없다. 당신은 A와 B 중 어떤 유형에 가까운가?

지금 하고 있는 일이나 해야 할 일을 앞에 두었을 때 걱정부터 하지 말기를 바란다. 무슨 일이든 하고자 하는 의욕만 있다면 한번 부딪쳐 보는 것, 그것이 사람다움이다. 누구나 성공만을 꿈꾸지만 누구나 성공할 수는 없다. 당신이 그에 대한 의지와 확신만 충분하다면 그에 걸맞은 최대한의 준비를 갖추었을 것이다. 결과에 만족하지 못하거나 실패할지라도 결코 낙심하거나 좌절해선 안 된다. 나의 모든 것을 평가하는 기준은 어디에도 없다. 평가하는 사람에 따른 관점의 차이만 있을 뿐이다.

아무리 훌륭해 보이는 사람이라도 결코 완벽할 수 없다. 인간에게는 단점과 약점이 있기 마련이다. 그 단점과 약점만으로 자신과 타인을 평가절하 해서는 안 된다.

좋은 면을 바라보자. 사람은 나쁜 점보다 좋은 점이 훨씬 많다. 신은 완벽하게 사람을 창조했기 때문이다. 누구나 이 땅에서 살아갈 수 있도록 몇 가지의 재능을 부여 받았다. 하물며 길가에 핀 들꽃도 제 할 일을 다 하고 있다. 사람이 들꽃보다 못하겠는가.

○
사실에 대한 완고함

세상은 천편일률을 거부한다. 그러다 보니 사람들이 띤 색채도 각양각색이다.

간혹 상식에서 한참 벗어나는 상황이 발생하기도 한다. 아무리 이해하려 해도 이해되지 않고 일을 그렇게 만든 사람에 대한 미움과 원망이 가득해진다. 이것은 서로 다름이라는 차원을 넘어서 보통사람이라고 하기엔 너무나 비정상적인 사고관을 가지고 있는 경우다. 세상 모든 사람이 비슷하고 평범하기만 하다면 참으로 무미건조할 것이다. 황당하고 어이없는 사람과 사건으로 인해 세상은 더욱 다양한 색채를 갖게 되지만, 그 과정에서 우리는 마음에 상처를 입기도 하고 놀라움을 금치 못하는 일도 가끔 맞닥뜨린다.

돌다리도 두드려보고 건너는 사람

—

지미 카터 대통령은 늘 검토하고 지시하면서 결단하는 일을 힘들어 했다. 자료를 분석하느라 많은 시간을 소모했고 보고서가 완벽하지 않으면 신뢰하지 않았다. 그러다 보니 재임기간 동안 내세울 만한 업적이 없었다.

불신으로 가득 차 누구도 믿지 않는 사람들이 있다. 그들은 콩으로 메주를 쑨다고 해도 쉽게 믿지 않는다. 메주는 콩으로 쑨다는 사실은 알지만 그 콩이 진짜인지 가짜인지 의심하고 메주의 발효 과정을 의심하기도 한다. 아무리 진실을 말해줘도 막무가내로 의심부터 먼저 하는 사람들이다.

이들은 '사실에 대한 완고함'이라는 장벽에 둘러싸여 있다. 자신이 보고 듣고 확인한 것만 믿기 때문에 그것만을 완고하게 주장하고 고집한다. 스스로 확인하지 못한 사실에 대해서는 무조건 거부나 의심의 카드부터 꺼낸다.

내 주변에도 그런 사람들이 몇몇 있다. 어떤 말을 해도 믿으려 하지 않고 확증이 있어도 눈을 돌려 외면하려 한다. 즉 자신이 믿고 싶은 것만 믿으려 하는 것이다.

자신이 믿고 싶은 것만 고집하고 믿고 싶지 않은 것을

완고하게 거부하는 행태를 '확증편향'이라 한다. 미국의 메모리대학교 연구팀이 의심 많은 사람의 양쪽 뇌를 스캔해 밝혀낸 연구 결과이다.

인간의 뇌에는 논리적 판단을 하는 배외측 전전두피질과 감정처리를 담당하는 전두피질이 있다. 그런데 의심 많은 사람의 뇌를 연구한 결과, 배외측 전전두피질은 비활동적이고 전두피질은 심하게 활성화되었다는 사실이 밝혀졌다. 확증편향이 있는 사람은 이성적인 판단이나 선택을 해야 할 때조차 감정의 지배를 받는다. 결국 믿고 싶은 것만 믿고 믿기 싫은 것은 아예 들으려 하지도 않는다는 것이다.

"돌다리도 두드려 보고 건너라"는 말은 이제 통하지 않는다. 완벽은 어디에도 존재하지 않는다. 핵심 가치가 중요하다. 합당하다고 여긴다면 그냥 밀어붙여야 잘한다는 소리를 듣는다. 확고한 자기신념을 가지고 도전하는 사람을 높이 평가하는 시대다.

지나치게 신중한 주변 사람들 때문에 나도 답답한 적이 간혹 있다. 그들에게는 그 어떤 말이나 충고가 통하지 않는다. 심한 경우, 서류나 증명서 또는 증인을 대동해도 모두 조작되었다고 생각한다. 특히 가족이 이런 유형일 때

는 더욱 심각하다. 관계를 끊을 수도 외면할 수도 없으니
말이다.

지금 나와 함께하는 모든 것에 최선을 다하라
—

지하철을 탈 때 그 많은 사람들 중 한 명도 스마트폰에서
자유로운 사람들을 찾아볼 수 없는 경우가 가끔 있다. 스
마트폰에 시선을 고정한 채 주변으로는 눈길조차 돌리지
않는다. 멀뚱멀뚱 앉아 있는 것보다는 낫다고 생각하는
걸까, 혹은 시선을 둘 데가 없어서 휴대폰을 그 대상으로
삼는 심리를 모르지는 않는다.

지하철뿐이겠는가. 길을 걷는 도중에도, 친구와 함께
카페에서 차를 마실 때도 스마트폰은 항상 열려 있다.

어느 날 카페에서 친구를 기다리다가 연인인 듯한 20대
중반의 남녀를 보았다. 그들 역시 스마트폰을 보느라 서
로의 얼굴을 바라보지 않았고, 대화하는 듯해도 시선은
스마트폰을 향해 있었다. 문득 이런 생각이 들었다.

'저들은 이곳에서 서로의 얼굴을 한 번이라도 제대로
보았을까?

그 순간 가장 신경 써서 최선을 다해야 하는 일은 무엇일까? 사랑하는 사람의 얼굴을 제대로 내 눈에 담지 않아 이별도 그리 쉬운 것은 아닐까. 바라보는 시간의 길이만큼 서로에 대한 애정은 깊이를 더해갈 텐데.

사랑하고 함께하길 원하는 사이일수록 함께하는 시간만큼은 상대에게 몰입하는 것이 아름답다. 연인이나 친구 관계를 떠나 내 앞에 있는 사람에게 집중하고 그를 바라보며 대화를 나누는 것, 그것은 기본적인 예의이자 상대를 존중하는 태도이다.

지금 내 앞에 있는 사람은 누구인가?
지금 내 앞에 놓인 일은 무엇인가?
지금 내가 해결해야 할 일은 무엇인가?
내 앞에 있는 것들이 각기 다를지라도 내게 속한 것이라면 그것을 위해 최선을 다하는 삶의 자세는 아름답기 그지없다. 내 흥미를 자극하는 다른 무엇이 있더라도 그보다 소중한 것이 무엇인지 알아야 한다.

내 삶의 진정한 행복은 스마트폰에 있지 않다. 내 옆에 있는 사람, 내게 주어진 일, 내가 해결해야 할 문제들에 존재한다.

때로는 흥미를 자극하는 그 무엇이 필요한 경우도 있다. 하지만 그로 인해 인생의 중요한 것들을 놓쳐서는 안된다. 내 삶의 주인은 나 자신이 아닌가. 나를 위해 진정 있어야 할 소중한 것들을 지키기 위해 지금부터라도 눈앞의 상황, 상대에게 최선을 다하자. 가족이든 연인이든, 친구든, 일이든 말이다.

끼리끼리 모임

—

물과 기름이 서로를 끌어당겨 헤쳐 모이듯, 우리도 자신을 편안하게 하는 사람들을 향해 마음의 화살을 쏜다. 그렇게 필연적으로 삼삼오오 나뉘고 두터운 친분 관계로 발전한다.

누군가의 편이 되어 마음을 나누는 관계는 환영할 일이지만 '편 가르기'는 분명 문제이다.

사람에 대한 평을 흑백으로 나누어 따로 관리하고, 나와 통하는 사람과 통하지 않는 사람으로 분류한다.

나는 주로 중립적인 자세를 유지하여 누구와도 특별한

관계를 맺지 않는 편이다. 어떤 사람이든 자신만의 세계관과 독창성을 갖고 있기에, 한 개인을 있는 그대로 보려 애쓴다. 색안경을 끼고 상대를 평가하거나 절하하지 않으려 노력한다.

자기만의 고집을 갖는 것은 나쁘지 않으나 누군가를 바라보면서까지 그 고집을 유지할 필요가 있을까? 우리는 상대를 바라보는 자기만의 기준과 색깔을 쉽게 고집하려 한다. 그래서 자기 기준에 적합한 상대를 가까이하거나 그들과 함께하는 시간을 즐긴다. 그러다 보니 삼삼오오 편을 가르게 된다.

한 모임에서 불평 많은 사람을 본 적이 있다. 그도 속한 무리가 있었고, 그들은 상대가 자기에게만 잘하면 그만이라는 생각을 가지고 있었다. 누구에게 어떻게 하든 그저 내게만 피해 주지 않으면 된다는 식이다. 그 사람이 어떤 평판을 받고 어떤 행동을 하고 다니든 자신과는 상관없다는 것이다. 알고 보니 그들 역시 그 무리 외의 다른 곳에서는 평판이 좋지 않았고, 편협한 사고방식으로 타인을 함부로 평가하며 불평을 일삼기 일쑤였다. 그러나 그들은 그 사실을 알지 못한다. 자기 기준에서는 모두 자기가 옳다 여기기 때문이다.

반대로 남에게 매우 호의적이면서 배려하며 권면하고 수용하는 사람들이 모인 자리도 있다. 그들은 대체로 화합하고 긍정적이며 상대에게 용기와 희망을 주기를 기뻐한다. 그들 역시 무리를 짓고 있지만 다른 사람을 거부하거나 배척하지 않는다. 그들은 상대에게 감사할 줄 알며 다양한 반응으로 커뮤니케이션을 이룬다.

그러나 그들 역시 새로운 사람들을 맞이하는 일에서는 한 발짝 내딛는 용기가 부족하다. 이미 틀이 형성되어 그 안에 외부인을 들이는 데에 신중함을 요하기 때문이다.

이렇게 형성된 틀 안으로 누군가가 들어가기란 쉽지 않다. 결국 주위에서 맴돌다 스스로 자취를 감추거나 용기 내어 먼저 발을 들여 놓는 방법밖에 없다. 소심한 사람들은 더욱 그렇다. 그들은 누가 먼저 다가와 손 내밀어 자신을 잡아끌어 주길 기다린다. 그런 이들에게 가장 먼저 손을 내미는 사람이 당신이 되었으면 한다.

○

자기 전용 롤 모델

나와 잘 통하는 사람에게는 모든 걸 주어도 아깝지 않은 배려심이 샘솟기도 한다. 그런 감정이 많을수록 삶도 풍성해진다. 남을 떠먹여주는 행위가 결국 내 배를 배불리 채운다는 원리는 알고 있을 것이다.

그러나 안타깝게도 다른 사람의 위상이나 물질을 끌어들여 자신의 존재를 높이 세우려는 사람이 있다. 무리 중에서 돋보이고 싶은 욕망 때문이다. 사실 그들의 내면은 지독하게 아프고 상처투성이인 또 다른 존재가 그 안에 숨어 있을지도 모른다.

눈에 보이는 외면을 평가하기에 앞서 그 내면의 숨은 존재를 파악할 줄 알아야 한다. 알고 보면 그런 사람은 매우 외롭고 고독할지 모르니 말이다. 관심과 신뢰와 존중으로 그들에게 다가가야 한다. 물질로는 얻을 수 없는 풍요로움을 경험한다면 인생에서 진정 소중한 것이 무엇인지 어렴풋이나마 깨달을 수 있기 때문이다.

삶의 모델 세우기

—

심리학자 앨버트 밴두러는 이렇게 말했다.

"인간은 모방을 통해 학습하는 동물이다."

누구에게나 주어진 삶의 시간이 있지만 그 안에서 발생하는 에너지는 각기 다르다. 그러나 아무리 강한 에너지라 해도 유한하다는 사실을 명심해야 한다. 어떻게 살 것인지 삶의 방향을 똑바로 못 보면 삶은 무질서해지고 아무 의미도 갖지 못하게 된다. 시간만 낭비하고 안개 속에서 길을 잃어 제자리만 맴돌게 된다.

하루라도 빨리 방향성을 찾아 유의미하고 즐거운 삶을 살려면 인생의 롤 모델이 필요하다. 그것은 누가 정해 주는 것이 아니며 자기 스스로 찾아야만 하는 과제이다.

자신이 선택한 사람을 닮아간다는 것은 자기발전에 커다란 도움을 준다.

그 대상과 자신을 비교, 평가하면서 소망의 대상이 되

는 사람을 닮아가려고 애쓰게 되는데, 이는 단지 겉모습만 아니라 그 사람이 살아온 모습이나 성과를 이루기 위해 노력한 과정들을 통틀어 뜻하는 것이다.

뚜렷하게 세워놓은 모델이 없더라도 주변에서 늘 가까이하는 사람들 중 한 명을 롤 모델로 삼을 수도 있다. 우리는 함께 어울려 다니는 사람으로부터 영향을 받기 마련이다. 가치관, 사고관, 애정관, 도덕관 등 여러 분야에서 영향을 주고받게 된다.

오랜 시간 잦은 만남이 지속되면 크고 작은 일을 접하면서 함께 물들어가게 된다. 어린이나 청소년은 물론 성인들도 마찬가지이다. 관심과 흥미가 비슷한 사람들과 무리 지어 다니다 보면 발전적인 삶을 살 수도 있지만, 잘못된 선택이나 판단을 할 수도 있다.

그래서 사람을 만나는 것은 참으로 중요한 일이 아닐 수 없다. 어떤 사람을 만나느냐에 따라서 인생의 전환점을 맞기도 하고 삶에 오점을 남기는 오류를 범할 수도 있기 때문이다.

사람을 함부로 평가하는 것은 옳지 않다. 굳이 편을 가르고 무리를 나누는 일도 옳지 않다. 누구에게나 한결같은 사람이 좋은 사람이다. 어디서나 당당하게 자신을 드러내고 누구와도 함께 어울릴 수 있는 편견 없는 사람, 차별하지 않는 사람, 인간의 존재 가치를 아는 사람, 그런 사람이 좋은 사람이다.

이왕이면 매사에 긍정적이고 삶을 활기차고 즐겁게 살아가는 사람을 찾아보자. 그의 행복이 어디서부터 시작되고 있는지 살펴보라. 그러나 명심해야 할 것이 있다. 롤모델을 세우되 무모한 모방은 삼가야 한다. 사람은 누구나 다르기 때문이다.

과거는 오늘에 이르기 위해 지나야 할 길일 뿐이다
—

평생을 행복하기만 한 사람이 과연 있을까.

수십 년을 살면서 날마다 행복하고 즐겁고 유쾌하기만 한 사람은 단 한 명도 없을 것이다. 우리가 살아온 삶들은 모두 과거에 불과하다. 그 시간 동안 다들 많은 아픔과 슬픔, 고통과 절망을 경험했을 것이다. 물론 과거 행복했다고 말하는 사람들도 있겠지만 어떤 이들에게는 절망적이고 비참했으며 가난과 고통 그리고 기억하고 싶지 않은 불행이었을지 모른다. 그러나 과거는 과거일 뿐이다. 그

리고 '미래를 여는 열쇠는 과거에 있다.'

우리는 지금 현재를 살고 있다는 사실에 감사해야 한다.

과거보다 더 열악한 삶을 살고 있는 사람도 있을 것이다. 그러나 지금 현재의 모습은 과거를 지나오는 동안 내가 만들어낸 결과물이다. 지금 상황이 어떻든 그것을 원망하거나 비관하는 것은 삶을 대하는 합당한 태도가 아니다.

지금껏 최선을 다해 왔다면 결과를 낙심하는 부정적인 말을 하지 말자. 오히려 돌아보고 잘못된 경로를 찾아 재조정하는 기회로 삼을 수 있다. 과거의 당신은 지금의 삶을 위해 정말 제대로 살아왔는지 돌아보라.

언젠가 40대 여성이 나를 찾아왔다. 부유한 가정에서 부족함 없이 살아온 그녀는, 어느 날 남편의 사업이 부도나면서 위기를 맞았다. 갑자기 기울어진 살림에 적응하지 못하고 우울증마저 생겨 하루하루 숨 쉬기도 버거웠다. 그녀는 자신이 그동안 뭘 했는지 모르겠다고 털어놓았다. 따로 마련해둔 저축통장 하나 없이 주어진 삶에만 만족하며 어떤 대비도 하지 않은 상태였다. 막상 가정이 위기에 처하니 해결책 하나 준비하지 못한 자신을 비관하는 마음만 가득했다.

현재 그녀의 삶은 과거를 살아오는 동안 그녀가 만든 결과물이었다.

물론 예기치 않은 일이었고 없었으면 좋았을 일이겠지만 이미 그녀의 생활은 어려워졌고 지금은 그 힘겨운 현재의 삶을 살아가고 있다. 과거에 조금만 더 절약하고 비상금 통장이라도 마련했더라면 지금처럼 힘겨워하며 비관하지만은 않았을지 모른다. 그러나 물은 이미 엎질러졌고, 그녀가 할 일은 현재에 적응하며 새로운 삶을 어떻게 영위해야 할지 결정하고 용기 내어 행동하는 것이다. 좌절하거나 낙심하여 주저앉아 시간만 축내는 일은 없어야 한다.

다행히도 그녀는 긍정적인 사람이었고 우울증도 비교적 빨리 극복했다. 열심히 살면 다시 좋아질 거라는 확신을 가지고 있었다. 그리고 그녀는 마지막에 이렇게 말했다. "감사합니다."

아무리 어려운 삶일지라도 감사는 큰 에너지원이 된다. 감사의 말 한마디가 주변을 밝힌다. 과거의 행복에만 미련을 두고 오늘의 어려움을 비난하는 말들은 앞으로의 삶에 어떤 도움도 되지 않는다. 지금의 삶은 또 미래의 삶을 위해 지나가는 길이 된다. 지금 어떻게 사느냐는 그래서 중요하다. 내게 상담을 요청했던 그녀는 지금도 미래의 삶을 위해 오늘을 열심히 살아간다. 다가올 미래에 당당해지기 위해 오늘도 그녀는 외친다. "오늘도 감사합니다."

지금 나는 누구인가

—

나는 누구인가.

지금의 나를 의심해 본 적이 있는가?

거울을 들여다보라.

너는 누구인가? 진정한 내가 맞는가?

지금의 삶이 내가 원하는 삶이었던가, 아니면 모든 사람이 추구하는 이상적인 삶일 뿐인가. 우리는 모두 착각 속에 살아간다. 지금의 내가 진짜 나인 줄 안다.

'가시나무' 라는 노래의 가사는 이렇다.

"내 속엔 내가 너무도 많아서 당신의 쉴 곳 없네. (중략) 쉴 곳을 찾아 지쳐 날아온 어린 새들도 가시에 찔려 날아가고……."

우리는 저마다 보이지 않는 가시를 세우고 살아간다. 누군가가 다가오려 하면 가시를 세워 자신을 보호하듯, 타인에게 관대하지 못하고 보이는 것들을 내세워 자신의 연약한 부분들을 숨겨 버린다.

영화나 드라마에는 평생 감추었던 자신의 정체성이 드러났을 때 갑자기 험악하게 돌변하는 사람들이 종종 등장한다. 쥐도 궁지에 몰리면 고양이에게 달려들 듯 사람도 크게 다르지 않다. 더 이상 감출 수 없는 본연의 모습을 완전히 들켰을 때 돌변하는 모습들은 평소와는 너무나도 다른 무서운 얼굴이다.

우리는 나로부터 자유로워져야 한다. 내 속에 있는 나에게 속삭여 보자.

'나는 나를 사랑한다.'

'나는 이 세상에서 유일무이한 존재이며 충분히 사랑받고 존중받을 가치가 있다.'

'두려워 말아라. 나는 무한한 가능성이 있으며 그 가능성들을 펼칠 권리가 내게는 충분히 있다.'

그리고 다시

'나는 나를 사랑한다.'

그렇다. 내 속에 내가 너무도 많은데 지금의 내가 그 모든 나에게 자유를 허락하지 않는다. 이제는 내 속에 감추어둔 나에게 자유를 허락하자. 세상은 당신을 기다리고 있다는 사실을 잊지 말아야 한다.

○
수다와 대화

나는 개인적으로 말 많은 사람을 좋아하지 않는 편이다. 가까운 지인들일지라도 대화가 아닌 수다가 있는 자리는 그다지 합류하고 싶지 않다.

대화와 수다는 질적으로 다르다. 대화는 상대와 마주하고 커뮤니케이션을 이루는 것이고 수다는 자유롭게 자신이 하고 싶은 말들을 두서없이 늘어놓는 것이다. 대화가 마주한 사람끼리 한두 가지 주제를 놓고 서로 의견을 나누는 것이라면, 수다는 일방적으로 밖으로 쏟아내어 버려지는 것이라 할 수 있다.

가치 있는 말
—

말 못해서 한 맺힌 듯한 사람들을 자주 만난다. 쉴 새 없이 주제를 바꿔가며 이야기를 풀어내는데 입담이 그럴 듯하다. 남녀 구분 없이 이런 사람을 만나기란 어렵지 않다.

내가 아는 한 남자는 술이 거하게 들어가면 쉬지 않고 말을 토해내는데, 가만히 들어보면 꼭 주정만은 아니다. 평소 담아두었던 이야기들을 한꺼번에 쏟아내어 자신의 감정을 풀어 놓는다. 그러나 그런 소리를 귀담아 들어줄 여력이 있는 사람은 많지 않다. 그렇게 쉬지 않고 쏟아내는 말들은 결국 단단한 벽에 부딪혀 산산이 깨져 버린 채 자신에게 돌아간다.

굳이 술의 힘을 빌리지 않고도 말이 술술 나오는 사람도 있다. 이런 사람들은 대부분 입담이 좋고 상대를 가리지 않고 이야기한다.

기회만 생기면 쉬지 않고 말을 쏟아내는 사람들은 어쩌면 무척 외로운 사람일지 모른다. 구구절절한 그들의 말은 한 가지 뜻을 지닌 듯하다. "나 여기 있소, 나 좀 돌아봐 주시오."

강사인 나는 강단에서 말을 많이 할 수밖에 없지만 평소에는 말수가 적은 편이다.

어릴 적부터 나는 다른 사람의 말을 잘 들었다. 그래서 친구들은 나와 대화하길 원했고 무슨 말이든 쉽게 털어놓았다. 사실 나는 그들의 말을 들음으로써 정보나 지식을 얻는 것을 즐겼다. 누가 내게 고민을 털어놓고 상담하러 오기를 기다릴 정도였다. 심리학과 철학에 관심을 가진 것도 그때부터였다.

그러면서 내게 들어온 정보들을 추리고 정리하여 기록하는 습관이 생겼다. 이 습관은 내 삶에 커다란 도움이 되었다.

말을 잘 들어줄수록 상대는 신이 나서 더 많은 이야기들을 들려준다. 간혹 하지 말아야 할 이야기까지 몽땅 털어놓기도 한다.

어떤 대화도 10분 이상 지속되면 잘못된 방향으로 빠지기 쉽다. 말을 하고 싶은가? 가능하면 화제가 될 가치가 있는 말을 하라. 해도 될 말과 하면 안 될 말을 가리는 것은 매우 중요하다. 아무리 가까운 사람에게라도 함부로 말해서는 안 된다. 경솔함은 후회의 원천이다. 지극히 사적인 일은 반드시 사람을 가려서 말해야 한다. 맞장구와 선동에 휘말려 자기도 모르게 나오는 말들을 조심해야 한다. 특히 리더나 지도자의 위치에 있는 사람이라면 더욱 말을 삼가야 한다.

세상에 비밀은 없다. 완벽한 사람도 없다. 대화와 수다를 구별하여 지혜롭게 소통하는 과정이 중요하다는 사실을 기억하기 바란다.

거짓말도 습관이다

한 번도 거짓말을 하지 않은 사람은 없다. 어쩌면 우리는 하루에도 몇 번씩 습관처럼 거짓말을 하고 있을지도 모른다.

정재승 카이스트 교수는 한 TV 프로그램에서 거짓말과 관련된 사람의 심리를 이렇게 말했다. "대부분의 사람들은 기본적으로 자신에게 아주 유리한 방식으로 대화를 이끌어간다."

거짓말이 다 나쁘다고 할 수는 없지만, 사람을 속이거나 능멸하기 위한 고의적인 거짓말은 분명 악하다. 누군가에게 해를 입힐 수 있으며, 자신에게도 떳떳하지 못한 결과를 초래하기 때문이다.

사람들은 긍정적인 결과를 얻기 위해 남을 현혹하는 일에도 거짓말을 사용한다. 타인의 마음을 움직여 이득을 취할 목적을 가지고 있으니 이 또한 경계해야 한다.

좋지 못한 의도로 시작된 거짓말이 큰 성과로 이어지는 경우도 문제이다. 거짓말이 무기로 변할 수 있기 때문이다.

'입만 열면 거짓'이라는 말을 들어본 적이 있는가? 일상에서 거짓말이 익숙한 사람은 그 거짓의 힘을 이용해 듣는 이에게 확신을 심어준다. 능력이라면 능력이라고 할 수도 있겠다. 아마 이런 사람은 자신의 능숙한 거짓말을 이용해 달콤한 결실을 얻어냈을 테고, 거기에 취해 조금씩 거짓말에 중독될 것이다. 결국 어느 순간부터 자기도 모르게 '입만 열면 거짓'을 말하는 사람이 되고 만다.

그러나 의도적이고 고의적인 거짓말은 언젠간 반드시 드러난다. 이미 주변의 많은 사람들이 '또 거짓말이군'이라고 생각할지 모른다. 상대가 뻔히 아는 거짓을 말하는, 한심하고 불행한 사람이 되어서는 안 된다.

사람을 너무 믿는 것도, 못 믿는 것도 좋지 않다. 우리에게 가장 필요한 능력은 진위를 가릴 만한 분별력이다.

눈치, 코치, 재치

—

말은 통(通)이다. 통하지 않는 말은 독백에 불과하다. 말은 입에서 나오지만 감정을 거슬러 올라간다. 즉 가슴으로 통해야 한다.

내가 하고 싶은 말이라고 다 똑같은 말은 아니다. 상대방이 듣고 싶은 말이 될 때, 언어는 가장 큰 효력을 발휘할 수 있다. 말은 사람과 사람 사이의 벽을 허물기도 하고, 신뢰와 불신을 형성하는 도구가 되기도 한다. 그러니 한 번은 생각하고 말하자. 일단 뱉어버린 말은 수습하기 어렵다. 하고 싶은 말이라고 다 쏟아내서는 안 된다.

말은 듣는 사람에게 생명수가 되기도 하고 구정물이 되기도 한다.

말은 의도와 달리 오염될 수 있다는 뜻이다. 감정이 섞이기 때문에 말하는 사람도 중요하지만 듣는 사람이 어떤 감정이냐에 따라 변질될 수 있다. 그러니 적절한 타이밍에 적절한 말을 해야 한다.

아침부터 상사에게 호된 꾸지람을 들은 사람에게 웃으며 건넨 "좋은 아침!"은 그를 조롱하는 말이 되기도 한다. 그 사람의 감정은 이미 찢어지고 가라앉은 상태이기 때문이다. 그런 수치스러운 감정인 상태에서 당신이 건넨 인사는 그 사람에겐 자신을 조롱하고 무시하는 말이 될 뿐이다.

연인과 이별한 사람 앞에서 당신이 연인과 행복한 추억을 쌓기 위해 유럽여행을 떠날 계획이라고 말한다면 상대의 기분은 어떨까? 물론 당신은 그에게 일어난 일을 전혀 모르고 있던 상태일 것이다. 오히려 예민하게 반응하는 상대의 행동에 화가 날지도 모르겠다. 그런 예민한 분별력이 없다면 눈치도 없는 몰지각한 사람이라고 치부당할 수 있다.

성숙한 시민이라면 사람의 표정만 보아도 그의 감정 상태를 파악할 줄 알아야 한다. 마음 가는 대로 하고 싶은 말을 생각 없이 쏟아내면 상대는 물론 주변 분위기마저 흐려놓는 불상사가 벌어질 수 있다. 하고 싶은 말조차 제대로 다 못하고 사는 게 억울할 수 있지만, 혼자 사는 세상이 아니기에 우리는 내 옆의 누군가와 호흡을 맞추고 함께 나아가야 한다.

사람은 종종 자신의 감정에 깊이 몰입하곤 한다. 그런 상태에서는 주변에 무척 예민하게 반응하게 되므로, 자신에게 상처 준 사람보다 오히려 자신의 현재 감정을 무시하고 말하는 사람이 더 원망스러울 수 있다. 그러니 잠시만 살펴보자, 내 가족, 내 이웃, 내 동료들을.

당신은 기쁨을 나누고 싶겠지만 당신의 기쁨을 함께 나누기 어려운 사람도 분명 있다. 그들은 이미 자신의 감정을 통제할 만한 기력조차 없기 때문이다. 눈치껏 잘 살펴서 괜한 오해를 사지 않아야 한다.

3장

성공을 부르는 언어

○
고착된 말투

대화에서 말의 내용이나 형식보다 중요한 요소가 바로 말투이다. 말의 형식도 올바르고 내용도 아주 훌륭하다. 그러나 말투가 퉁명스럽다면 듣는 사람의 감정에 어떤 반응이 일어날까? 말투의 중요성을 모른 채 고착화된 말투를 고집하는 사람이 많다. 고착화된 말투를 '잘못'이라고 몰아세울 수만은 없지만, 서로 어울려 부딪히며 살아가는 사회에서 득이 되지 않는다면 노력해서 나쁠 것은 없다. 그 또한 자신을 아름답게 가꿔 나가는 과정 중 하나이다.

말투를 점검하라
—

말은 내용이 들어 있는 그릇이다. 어떤 내용이냐에 따라 그 말이 작용하는 범위가 달라진다. 내용만큼 중요한 것이 그릇이다. 좋은 내용을 담은 말은 소리가 아름답고 청아해야 한다. 그래야 그만큼의 가치를 발휘할 수 있기 때문이다.

아무리 좋은 내용을 담은 그릇이라도 소리나 질이 투박하고 거칠다면 그 말의 내용을 평가하는 데 상당히 마이너스가 된다. 내용보다는 소리에 더 민감한 것이 사람이기 때문이다.

우리는 그것을 '말투'라고 말한다.

말투는 자라온 지역의 특성이나 환경, 가족 구성원의 특징, 성격 등의 영향을 많이 받는다. 어린 시절부터 듣고 보고 따른 말의 소리가 습관으로 형성되어 고착된 것이다. 억양이 세다거나, 퉁명스럽거나, 빠르거나, 느리거나, 상냥하거나, 무뚝뚝하거나 등으로 발현된다.

이러한 말투는 입에 밴 습관일 뿐 사람을 평가하는 기준은 결코 아니다. 개선하려고 마음먹으면 얼마든지 고칠 수 있으므로 그리 심각한 문제는 아니다.

문제는 지나치게 독특한 말투로 인해 다른 사람의 마음에 상처를 입히는 경우다.

건축업을 하는 한 사람이 있다. 농촌에서 2남 3녀 중 늦둥이로 태어난 그는 가족의 보호를 받으며 자랐다. 어머니가 쉰에 낳은 자식이니만큼 위의 형제들과 나이 차이도 커서, 무엇이든 자기 뜻대로 했고 부모와 형제들의 과보호 속에 황제처럼 살았다. 제멋대로였고 원하는 것은 모두 가졌던 그는 성인이 되어서도 불도저같이 밀어붙이는 성향이었다. 자기 뜻대로 일이 풀리지 않으면 직원이고 누구고 할 것 없이 마구 큰소리치며 거친 말도 서슴지 않았다. 그에게는 십여 명의 부하 직원이 있었는데 1년 이상 된 숙련된 직원은 하나도 없었다. 그의 거친 말과 험한 욕설을 들으면서 함께 오래 일하기란 여간 어렵지 않았던 것이다.

성공한 사람들은 말투부터 남다르다. 이들은 사람을 상대하는 방법도 잘 알지만 그들의 인격도 존중할 줄 안다. 자신의 능력만 믿고 다른 사람을 무시하거나 짓밟지 않으며, 오히려 직원들에게 불편한 사항은 없는지 항상 검토한다. 또한 자신과 다른 생각을 가진 사람을 배려하고, 새로운 방법들을 강구할 때는 신중한 태도로 직원들의 의견을 수렴한다.

지금까지 몸에 밴 습관을 고치기란 매우 어렵다. 하지

만 노력 없이 되는 건 아무것도 없다. 나의 말투에 문제가 없는지, 어떻게 고쳐야 할지 점검할 필요가 있다.

성공한 사람들은 감정을 드러내지 않는다
—

나의 말투가 이렇다 저렇다 말하기 전에 나의 감정이 어떤지 먼저 이해해야 한다.

'감정'은 숨기고 싶다고 하여 쉽게 숨길 수 있는 것이 아니다. 말과 행동, 표정 어느 것 하나 감정의 지배를 받지 않는 것은 없다. 감정이 묻어나올 수 있으므로 각별히 조심해야 한다.

내 안에 나쁜 감정이 꿈틀대고 있다면 "다음에 이야기할게" 혹은 "생각할 시간이 필요해"라며 일단 시간을 벌어 놓는 방법이 좋다. 현명하게 한 템포 쉬어가자.

자칫 경솔한 말과 행동을 할 수도 있고 상대의 입장을 전혀 고려하지 않고 오히려 불쾌한 감정을 전이시키는 효과를 나타낼 수 있으므로 한 걸음 물러서서 감정을 살펴보고 이해해야 한다.

자신의 감정을 먼저 이해하고 살피는 것도 중요하지만

상대방의 입장에 대한 이해와 공감 역시 필요한 부분이다. 내 감정을 살피느라 상대방의 감정을 무시하면 자칫 더 큰 오해와 화근을 불러일으킬 수 있다. 사람은 누구나 감정이라는 호수를 품고 있다. 잔잔하던 호수에 어떤 외부자극이 주어졌느냐에 따라 요동의 정도는 엄청난 차이를 보인다.

나와 상대의 감정을 이해하고 그 감정에 공감하기란 쉬운 일이 아니다. 서로의 생각이나 판단, 이해의 정도가 다르기 때문에 누구도 그 마음의 깊이를 감히 헤아릴 수 없다. 그러나 한 가지, 그 다름을 인정하는 태도는 많은 도움이 된다.

성공한 사람들은 자라온 환경에 구애받지 않는다. 그래서 다른 문화와 차이를 받아들이는 데 큰 어려움이 없다.

물론 자라온 환경이나 가정교육, 사회교육의 영향을 받지만 그것을 무기 삼아 자신을 합리화하지 않는다. 그들은 어디서든 실언하지 않으며 경거망동하거나 예의에 어긋난 언행을 하지 않는다는 장점을 가지고 있다.

공적인 목소리와 사적인 목소리가 따로 있다. 감정에 따라서도 많은 차이가 난다. 아마도 대부분의 사람들이 상대에 따라서 여러 가지 말투를 가지고 있을 것이다.

어떤 사람들은 상황에 따라 달라지는 말투를 비난할지로 모르겠다. 사람이 언제나 한결같아야지 어찌 쉽게 달라지냐며 말이다. 그러나 먼저 자신의 말투부터 점검해 보라. 녹음해서 듣거나 다른 사람들에게 물어보라. 자신도 모르는 사이 여러 말투를 사용하고 있음을 알 수 있을 것이다.

말투는 가정의 영향을 가장 많이 받는다. 성격이나 기질, 특성 등은 그 다음이다. 말투를 개선하려 할 때 가장 중요한 점은 자신을 먼저 이해하는 것이다. 말투나 말버릇부터 올바로 인지해야 한다. 말투란 내가 아무렇지 않다고 해서 해결될 문제가 아니다. 문제는 내 말투를 상대가 어떻게 받아들이느냐이다. 노력을 통해 얼마든지 개선할 수 있으니 필요하다면 조금씩 고쳐가자.

말투의 처세

―

여러 선거의 후보자들 토론을 보면서 많은 사람들이 오히려 후보들에게 실망한다. 토론의 내용보다는 타 후보들을 배척하고 비난하는 언행 때문이다. 이쯤 되면 토론을 위해 어떤 준비를 한 건지 궁금할 때도 있다. 상대를 깎아내려야 자신이 살아남는다고 외치는 것 같아서 안타까운 마음이 든다. 오히려 자신이 내려가는데도 말이다.

국민들은 리더에게 능력뿐 아니라 인품이나 성품, 인간미 등도 기대한다.

IT 분야의 세계적 기업인 가트너의 부사장도 리더가 갖춰야 할 조건으로 의상과 말투를 꼽았다. 그렇다면 리더의 말투는 어떠해야 할까.

첫째, 겸손은 기본이다. 진정한 겸손은 존중하는 마음에서 비롯된다. 타인의 인격을 존중하고 그들의 삶을 존중하는 태도이다. 그런 정신으로 사람들을 대하면 말투에서 겸손의 미덕이 배어 나오게 마련이다.

둘째, 경청도 기본이다. 다른 사람의 말에 귀 기울일 줄 아는 지도자가 조직을 훌륭하게 이끌어 나갈 수 있다. 자기 생각과 고집만을 앞세워 귀를 닫고 마음을 닫는다면 누구도 조직을 위해 희생하거나 주인의식을 갖지 않을 것이다. 말을 경청함으로써 장단점을 파악하고 개선점을 모색하려는 지혜는 두터운 신임을 받는 지름길이다.

셋째, 공감이다. 사람들의 형편과 사정을 알고, 오늘도 삶의 전쟁터에서 힘겹게 수고한 이들을 이해하고 공감할 줄 알아야 한다. 공감만큼 사람을 감동시키는 것은 없다.

리더라는 타이틀을 내세워 권위적인 말투와 위압감으로 자신의 위치를 확고히 세우려는 태도는 어리석다. 물론 품행이 나쁘거나 말에 힘이 없고 자기주장을 제대로 하지 못한다면 역시 리더답지 못하다. 품성과 인격 그리고 이미지 등이 리더다워야 하며 무엇보다도 그에 맞는 말투, 즉 말의 격이 중요하다.

○
"사장님, 말투가 왜 그래요?"

사람은 위상이 높아질수록 말의 모양이 달라진다.

나도 소규모 사업을 운영한 적이 세 번 있었다. 사장이라는 직책 덕에 나도 모르게 눈에 힘이 들어가고 목이 굳어졌다. 함부로 말하거나 인격을 모독하는 행위는 하지 않았지만, 그런데도 몇 안 되는 직원들은 항상 거리를 두었고 쉽게 내게 말을 걸어오지 못했다. 사무적인 나의 말투가 문제였던 것 같다. 마음과 다르게 습관이 된 말투를 개선해야겠다고 느낀 것은 그때부터였다.

성공하고 싶다면 말투부터 고쳐라
—

어느 날 가족들과 식당에 갔다. 주차장에 들어서자마자

관리원으로 보이는 사람이 짜증 섞인 말투로 어디 왔느냐고 물었다. 그 순간 내 속에 있는 감정의 호수에 커다란 돌덩이 하나가 떨어져 파문을 일으켰다. 관리원은 묻지도 않고 내 차의 손잡이를 확 열어젖혔다.

"지금 이게 무슨 짓입니까?"

"어디 왔느냐고 묻는데 왜 창을 안 열어요?"

오는 말이 곱지 않으니 가는 말이 고울 리 없다.

"음식점에 음식 먹으러 왔지 왜 왔겠어요!"

그는 바로 목소리를 가라앉히며 말했다.

"요즘 산행이나 산책하는 사람들이 말도 없이 차를 세우고 가는 통에 예민해져 있어서요."

그게 다였다. 그는 미안하다는 사과 한마디 없이 힐끔거리며 주변을 살필 뿐이었다. 동석한 친정엄마와 언니들의 만류에 그냥 지나갔지만 상한 감정은 쉬 가라앉지 않았다. 알고 보니 주차 관리를 하던 그는 관리원이 아닌 사장이었다.

식당은 썰렁하기 그지없었다. 점심시간 전이긴 했지만 우리는 식사를 하고 차를 마시며 한참을 앉아 있었다. 그러나 점심시간이 훨씬 지났는데도 다른 식당들과는 달리 그 집만 유독 손님이 없었다. 함께한 가족들은 이웃 식당에는 손님들이 북적이는데 자기 집만 썰렁하니 사장이 그렇게 예민해진 것 같다고 했지만 내 생각은 달랐다. 사장이 그렇게 짜증스런 말투로 화를 내며, 직원들은 물론 손님에게까지 그 영향을 미치니 잘될 리가 있을까.

요즘은 소자본으로 창업을 꿈꾸는 사람들이 참 많다. 당연히 그 경쟁은 치열하기가 이루 말할 수 없을 정도다. 거기서 살아남기란 여간 힘들지 않다. 그러나 생존하느냐 아니면 흐지부지 꿈을 접고 문을 닫느냐 하는 것을 남의 탓으로만 돌려서는 안 된다.

사업을 꿈꾸는 사람들은 그 일과 대상을 대할 때 자신의 언행이 어떤지 돌아보아야 한다. 고객의 눈은 매우 예리하다. 외모의 단정함은 물론 눈빛이나 표정, 손놀림 등 어느 하나 놓치지 않고 주시한다. 청결이나 서비스, 마인드, 태도 등 모든 것이 마음에 흡족할 때 비로소 고객은 당신의 사업을 번창하게 해줄 준비를 한다.

우리의 말투는 공명되어 많은 주변 사람들에게 그 기운을 전달한다. 소규모 사업이라 해서 하나하나에 정성을 기울이지 않고 대충 하려는 심산이라면 애초에 사장이 될 자격을 갖추지 못한 것이다.

고객을 응대하는 태도나 그들에게 건네는 말 한마디에

도 항상 정성을 기울여야 한다. 직원들의 대응보다 사장의 친절한 대응이 얼마나 큰 효과를 발휘하는지는 지나보면 알 것이다. 그 또한 감정노동이다. 고객 한 사람 한 사람을 존중하지 않는다면 의도치 않게 스스로 감정노동의 희생자로 전락할 수 있다.

사업을 운영하는 데 있어서 흥함과 패함은 말투 하나에서 비롯될 수 있다. 자신을 존중해 주는 사장을 함부로 대할 고객은 없다. 미래를 진심으로 걱정하고 잘되기를 바란다면 평소에 사용하는 말투부터 정리하기 바란다. 꿈을 망하게 하는 단초가 아닌, 이루어주는 강한 무기가 될 수 있도록 말이다.

사장의 품위 유지는 기본

—

소규모의 사업은 한 사무실이나 영업소에서 몇 안 되는 직원들과 함께하는 시간이 많기 때문에 누가 누구인지 잘 구별되지 않는 경우가 많다. 어쩌다 회식 자리에 가보면 사장보다 더 위엄과 품격이 있어 보이는 사람이 더 극진한 대접을 받기도 한다.

사장이라고 해서 유난스럽게 티를 낼 필요는 없지만, 대화를 듣고 말투만 들어도 누가 누구인지 알아챌 정도라면 사장의 말투 형성에 성공했다고 볼 수 있다. 사장이 직원들을 함부로 대하거나, 거친 말이나 험한 인상을 보이며 술에 취해 횡설수설한다면 신뢰는 순식간에 바닥으로 떨어진다.

직원들의 언어도 물론 중요하지만, 사장의 품성에서 나오는 신뢰감과 자신감은 아무리 유능한 직원일지라도 비교할 수 없는 믿음으로 작용한다. 사장이라면 위치에 걸맞은 이미지를 위한 품위 유지도 중요하다. 말이 내면에서 나온다면 품위는 인상을 통해 외적으로 드러난다. 품위 있는 이미지와 품격 있는 말투는 항상 공존하며 따로 떼어놓고 볼 수 없다. 그러므로 언제 어디서나 당당함을 갖춘 품위 유지도 각별히 신경 써야 한다.

혹자는 그런 것이 그렇게 중요하냐고 반문할지 모르지만, 격조 있는 생활 패턴은 당신을 위해서도 당신 사업을 위해서도 매우 중요하다. 자신을 가꾸고 귀하게 여기는 마음은 기본이다. 기본 하나 지키지 못하면 무엇을 지킬 수 있겠는가? 당신의 자신감 넘치는 당당한 태도에 사람들은 더욱 신뢰감을 가질 것이고, 당신의 친절하고 상대를 존중하는 말투에 사람들은 마음을 열 것이다.

아주 작은 관심은 따뜻한 말투에서 시작되며 그들의 노동을 이해하는 공감능력을 대변한다. 힘겨움을 알아주고 격려해 주는 사장은 직원의 역량을 강화시키기에 충분하다. 그 어떠한 교육이 더 필요할까. 사장의 공감보다 더 큰 역량 강화는 없다.

○

"부모님, 제발 아이 좀 내버려두세요"

이번에 수시에 합격한 막내딸이 하는 말,

"엄마는 왜 공부하라고 안 해?"

"난 널 믿거든."

"그러니까 더 하고 싶어지잖아. 진짜 엄마 맞아?"

속으로 쾌재를 불렀다. '바로 이거구나!'

난 아이들한테 공부하라고 잔소리한 적도 없고, 아이들 때문에 속상한 적이 단 한 번도 없다. 그런데도 아들은 명문대학 졸업을 앞두고 있다. 재학 중 이미 자신이 좋아하는 업무에 스카웃되어 일을 즐기며 날마다 "내가 최고!"라고 외치며 하루를 시작한다.

딸아이는 성적이 그다지 좋은 편이 아니라서 아이와 함께 상의해 적성에 맞는 자격증을 여러 개 취득했다. 관련

학과에 원서를 넣었는데 감사하게도 합격 통보를 받았다.

부모의 말투가 아이의 미래를 만든다
—

많은 부모가 자녀의 삶을 통째로 자기 것으로 만들려고 한다. 성적을 비관하여 자살하는 청소년들은 갈수록 늘어나고 있다.

초등학교 6학년밖에 안 된 어린 여학생이 성적을 비관하며 옥상에서 뛰어내려 죽은 사건이 떠오른다. 이 학생이 남긴 유서에는 "엄마 아빠, 기대에 못 미쳐서 죄송해요"라고 쓰여 있었다. 평소 100점을 놓치지 않던 아이에게 수학 성적 88점은 살아갈 가치마저 빼앗아가는 숫자였을까? 누가 그렇다고 말한 걸까? 당시 88점은 그 학교에서 전교 1등에 해당하는 점수였다고 한다. 그 어린 학생에게 숫자란 과연 무슨 의미였을까. 전교 1등이라는 타이틀은 누굴 위한 것이었을까.

몇 년 전 한 외고 학생이 엄마에게 유서를 남기고 베란다에서 투신했다. 유서는 단 네 글자였다.

"이젠 됐어?"

당시 엄마가 요구하던 성적에 도달한 후 바로 일어난 비극이었다.

부모들은 분명 반성해야 한다. 아마도 어린 여학생은 자신의 성적을 보고 기뻐할 부모의 얼굴을 보기 위해 공부했을 것이다. 부모의 바람을 충족시키기 위해 얼마나 모진 밤낮을 보냈을까 생각하면 가슴이 아프다.

어린 자녀들에게 부모는 풍성한 사랑의 안식처와 따뜻한 삶의 보금자리여야 한다. 자녀가 부모에게 '위압감'을 느껴서는 안 된다. 자녀의 조그마한 실수도 용납 못하고 아이의 자존심을 다치게 한 적은 없는가? 거친 말투나 억양, 내용으로 아이의 자존감을 떨어뜨리고 수치심을 안겨주며 오금이 저리도록 위협을 가한 적은 없는가? "내가 너를 낳아서 이렇게 고생하고, 힘들고…" 하며 생색낸 적은 없는가?

부모가 자녀를 대하는 태도는 아이들의 성장기에 지대한 영향을 미친다. 세상의 전부라 해도 과언이 아니다. 이미 아는 사실이겠지만 그런데도 마치 그 사실을 모르는 사람처럼 아이들을 대하는 것이 문제이다.

아이와 투닥거릴 때 부모가 주로 하는 말이 있다.

"아빠가 하지 말라면 좀 하지 마!"

"엄마 말이 말 같지 않니?"

"넌 왜 항상 그 모양이냐!"

"똑바로 못해?"

"넌 대체 뭐가 되려고 그러니?"

"정말 제대로 하는 게 하나도 없네!"

위의 말들에는 아이의 개인적인 요구는 하나도 없다. 모두 부모가 원하는 것을 제대로 수행하지 못했을 때 핀잔을 주는 내용이다. 이런 말들을 다른 말로 바꾸어 보자.

"아빠가 하지 말라면 좀 하지 마!"

→ "아빠는 네가 그 일을 하지 않았으면 좋겠다."

"엄마 말이 말 같지 않니?"

→ "엄마 말이 이해되니?"

"넌 왜 항상 그 모양이냐!"

→ "지난번과 똑같은 실수를 했는데 뭐가 문제일까?"

"똑바로 못해?"

→ "지금 내 기분이 너무 안 좋으니, 잠시 그대로 있으렴."

"넌 대체 뭐가 되려고 그러니?"

→ "네가 하는 것에 대해 설명 좀 해줘."

"정말 제대로 하는 게 하나도 없네!"

→ "네가 잘하는 것을 찾아보자."

아이는 내용보다 말투에 반응한다

—

당신의 말투는 어떤가? 아무 문제없다고 자신 있게 말할 수 있는가? 평소 자녀와 대화를 나누면 대화가 원하는 방향으로 흘러가는 편인가, 아니면 의도하지 않은 방향으로 흘러가는가?

만약 의도와는 다르게 흘러간다면 현재 자신의 말투에 문제점이 없는지 점검해야 한다. 아무리 어린아이라 할지라도 나누려는 대화 내용에는 논리와 문장, 순서, 방향이 정확하게 흘러가야 한다.

게다가 말하는 사람의 표정이나 제스처, 목소리, 말투는 말의 내용보다 중요하다.

말주변이 좋다고 자신하는 사람들은 흔히 '난 아무 문제없어'라고 생각하는데 이는 착각이다. 말을 거침없이 하다보면 자신의 이야기를 상대방에게 주입시키려는 의도가 묻어난다. 그러다 보면 말에 힘이 들어가고 목소리도 점점 커진다. 이쯤 되면 더는 대화가 아니다. 일방적인 주입이 되고 듣는 사람은 서서히 거부감을 갖는다.

아무리 좋은 내용, 좋은 정보, 좋은 지식일지라도 듣는 사람의 마음이 열리지 않으면 아무 소용없다. 사람은 감정의 동물이다. 동격으로 그 사람을 존중하고 사랑과 공감이 묻어나는 말투라면, 대화를 통해서도 상대의 마음과 의도한 것들을 얻을 수 있다.

말을 청산유수로 잘하는 것만 높이 사는 경향이 있다. 말투 하나만 바꿔도 사람의 마음을 움직이는 건 의외로 쉽다는 사실을 이해하지 못한다. 그래서 자신은 아무 문제없이 대화를 나누었다고 생각하면서도 매번 같은 실수를 반복하게 된다.

자녀에게도 마찬가지이다. 부모니까 아이에게 함부로 말하거나 명령하는 투로 말하는 것은 좋지 않다. 아이의 의견을 들어보고 충분히 아이의 생각에 공감하는 마음이 중요하다. 아이의 생각이 부모의 입장에서 보면 어처구니없고 무모할지 모른다. 그러나 그 나이, 그 입장에서 할 수 있는 일이므로 무시하거나 말은 막아서는 안 된다.

자신의 생각과 말을 무참히 짓밟힌 아이가 이 상황을

평가하는 것을 두 분류로 나눌 수 있다. 하나는 자신만 고집하면서 부모에 대한 불신을 키우는 것이고, 다른 하나는 모든 책임을 자신에게 돌리는 것이다. 자존감에 깊은 상처를 입고 '나는 못났어', '나는 한심해', '나는 잘하는 게 하나도 없는 사람이야'라고 자책하는 것이다.

후자의 경우 부모의 말이라면 무조건 따르는 경우가 많다. 부모는 아이가 뜻대로 움직여 주니 좋아할지 모르지만, 정작 그 아이의 인생은 어디에서도 찾아볼 수 없다.

부모들이여, 착각하지 말라. 아이가 말 잘 듣고, 착하고, 좋은 성적을 거두어 부모가 원하는 대학에 진학하면 자녀교육에 성공한 것인가? 그것이 그 아이의 꿈이 아니었다면 그것은 행복이 아니다. 그저 사랑이라는 굴레를 아이에게 씌워 놓고 부모의 꿈을 이룬 것뿐이다. 자신의 꿈을 위해 자녀를 이용하는 것뿐이다.

자녀를 진심으로 사랑하지 않는 부모는 없을 것이다. 그렇다면 잠시 시간을 두고 아이의 마음의 소리에 귀 기울이라. 무엇이든 아이의 생각을 존중해 주라. 그것이 비록 어리석을지라도 인내하고 따뜻한 말투, 다정한 언어로 아이와 대화하는 시간을 가지라. 그렇게 부모가 원하는

자녀의 삶과 자녀가 원하는 자신의 삶의 차이를 인정해
주라.

깨물면 유독 아픈 손가락
—

요즘은 자녀의 수가 많지 않다. 인생의 계획에 자녀가 포
함되지 않은 가정도 점점 늘고 있다.

　십여 년 전만 해도 한 가정에 두 아이는 기본이었다. 그
때도 맞벌이 가정이 많았기 때문에 아이들을 양육하는 데
어려움이 많았다. 나도 세 자녀가 있지만, 아이들을 키우
다 보면 성격도 기질도 제각각이다. 부모와 닮은 부분도
있겠지만 전혀 다른 기질을 가진 아이도 있기 마련이다.
이들 사이에서 마찰이 일어나기가 쉽다.

　서로 다른 부분을 인정하지 못해서만은 아니다. 부모라
는 권위가 앞서기 때문에 자기주장을 고집하는 자녀를 부
모가 받아들이지 못하는 것이다. 그러다 보면 다툼이 발
생하고 그 과정에서 입에 담지 못할 거친 말도 오간다. 거
친 말을 하는데 말투가 고울 리 없다. 그 거친 말투에 아
이들은 다치고 상처 받는다.

"도대체 누굴 닮아서 그러냐."

"뭐 하나도 제대로 하는 게 없냐."

특히 사춘기 자녀를 둔 부모들은 하루하루가 고통이다.

"깨물어 안 아픈 손가락 없다"고 흔히들 말하지만, 사실은 깨물면 유독 더 많이 아픈 손가락이 있다. 아이들을 키우다 보면 그렇게 유독 아끼는 아이도 있기 마련이다. 특히 자녀가 많을수록 그렇다.

부모가 인정하지 않아도 아이들은 이미 눈치 채고 있다. 유독 아픈 손가락을 말이다. 부모의 말투가 다르다. 아이들에 따라 야단치는 강도라던가, 사랑을 표현하는 강도가 말투에 나타나기 때문이다. 자신도 모르는 사이 말투는 다르게 나간다. 그래도 잘 이해가 되지 않는다면 자녀에게 물어보라. 예상과 다른 답변을 듣게 될 수 있다.

부모는 주의해야 한다. 자녀를 사랑하는 마음이야 같겠지만 각 자녀들에게 기대하는 바가 다르기 때문에 거기에 미치지 못할 때 부모는 실망하고 말을 곱게 하지 못한다.

아이의 미성숙함을 인정해야 한다. 그들은 부모의 마음을 다 헤아릴 수 없다. 아이들에게 이해받으려는 마음은 버려야 한다. 나의 감정이 앞서 생각할 새도 없이 빠르게 튀어나오는 날카로운 말투에 사랑하는 내 아이가 상처를 입는다. 이런 상황이 거듭될수록 아이들은 점점 자신을 잃어버린다.

아이가 성공하고 잘 살기를 바란다면 인내하는 법부터 배워야 한다. 자신의 감정을 이해하고 잠시 호흡을 가다듬는 습관은 아주 중요하다.

○
선생님 전상서

아이들은 가정에서 부모와 지내는 시간보다 학교나 학원 등에서 지내는 시간이 훨씬 많다. 성적이 좋든 나쁘든 아이들은 선생님의 영향을 가장 많이 받는다고 해도 과언이 아니다. 교사들은 이 점을 특히 유념해야 한다.

선생님 덕분
—

몇 년 전 지인의 아이가 한창 수업을 받을 시간에 길에서 배회하는 모습을 목격한 적이 있었다. 그냥 지나칠 수 없어 아이에게 다가갔다. 아이는 흠칫 놀랐지만 이내 고개를 숙여 인사했다.

"수업 시간 아냐?"

"네, 맞아요."

"그런데 여긴 무슨 일일까?"

"선생님이 학교에 늦었다고 '너 같은 놈이 학교 와서 뭐하냐'고 했어요."

할 말이 없었다. 선생이라는 사람이 아이에게 그런 말을 하다니! 상당히 위축되어 보이는 아이의 어깨는 축 늘어지고 다리는 힘이 풀린 듯했다. 그런 말을 들은 것이 처음도 아니라고 아이는 털어놓았다.

문득 큰아이가 여섯 살 무렵, 친구들과 유치원 놀이를 하면서 하던 행동들이 생각났다. 아이는 친구 서너 명을 항상 데리고 다녔다. 언젠가 집안에 있는 놀이방에서 큰아이의 목소리가 들렸다. 무슨 일인가 궁금해 살짝 들여다보니 이게 웬일인가! 아이가 친구들을 줄 세워 놓고선 손을 들게 하고 벌을 세우며 노는 것이 아닌가. 그런데 아이가 하는 말이 더욱 어이없었다.

"너네들 참 구제불능이다. 너네 부모들도 참 불쌍하다."

아이는 작은 장난감 드럼 스틱을 쥐고 거만하게 뒷짐을 진 채 또 한마디를 던졌다.

"선생님 말 안 들으면 점심 안 줘."

당시 아이는 만 네 살이었다. 어린아이가 이해하기엔 너무나 위협적인 말들이었다.

원아들을 학대하는 어린이집 교사들의 실태가 자주 보도되고 있다. 이런 사람들의 말투는 상당히 위협적이다. 아이들에게 심한 욕설과 구타를 가하고는 "다 너희들이 잘못해서 그런다"며 죄책감까지 심어주며 부모에게 발설하지 못하도록 위협을 가한다. 그러면 아이들은 부모에게 혼날까 두려워 입을 닫아 버리는데 그들은 이런 심리를 이용하는 것이다.

아이들의 탈선

사회적 물의를 일으키는 아이들의 문제를 가정으로만 몰아가는 경향이 있다. 그러나 이게 어디 부모만의 책임일까. 아이가 부모와 함께 지내는 시간은 고작해야 하루 서너 시간에 불과하다. 그 이외의 시간들은 주로 가정 밖의 사람들과 시간을 보낸다.

누구의 잘못이라고 규정하기는 어렵지만 교사도 아이들의 삶에 상당한 영향을 미치고 있다. 습관적으로 지각하는 것도, 친구들과 잘 어울리지 못하는 것도, 공부를 점점 더 멀리하는 것도 분명 원인이 있기 마련이다. 선생님의 따뜻한 관심과 사랑만 있어도 아이들은 부모나 친구, 사회에서 받은 상처 등을 충분히 극복해낼 수 있다. 누군가의 따뜻한 말 한마디에도 아이들의 심장은 금세 뜨거워진다. 유치원부터 시작된 선생이라는 존재는 십 수 년 동안 아이들과 함께한다. 그들은 아이들이 평생 존경하는 인물이 될 수도 있고 평생 경멸하는 대상이 될 수도 있다.

선생님의 다정하고 따뜻한 말 한마디에 꿈을 키우고 성공한 사람도 있고, 꿈을 포기하고 척박한 삶을 사는 사람도 있다. 내 입에서 나온 말이 과연 아이에게 자양분이 되어준 적이 있는지 돌아보자. 내 입에서 아이들을 사랑하는 마음을 담은 부드러운 말투가 나왔는가. 진정 아이들을 사랑하는 마음을 가지고 있는지, 그들의 미래를 진심으로 염려하는지.

아이들은 다 안다. 당신의 말투에 사랑이 담겨 있는지, 희망이 담겨 있는지.

선생님, 은인이 되어 주세요

중학교 때부터 '왕따'를 당하고 고등학교 졸업 때까지 그 꼬리표를 떼지 못한 한 여학생이 있었다. 아침마다 등교하는 것이 지옥 불에 들어가는 것보다 싫다고 할 만큼 극심한 스트레스를 겪고 있었다. 그러나 학생의 부모는 그 사실을 인정하지 않았고 애써 외면하려 했다. 여학생은 학교 성적도 상위권이었고 원래는 밝고 낙천적인 성격이었다. 그러나 암울한 학창 시절을 보내면서 점점 소심하고 부정적인 성격으로 변해갔다. 다행히 그 학생은 고등학교를 무사히 졸업하고 좋은 대학교까지 졸업, 지금은 대기업의 유능한 사원으로 인정받고 있다. 그리고 더 큰 꿈을 목표로 삼고 대학원까지 다니고 있다.

학우들의 모진 정신적 학대는 이 경우 그녀가 성공에 이르도록 만든 원동력이 되었다. 물론 옳은 생각은 아니지만 이를 악물고 버텨온 세월을 보상받기 위해 더 열심히 공부했다고 그녀는 고백했다.

"그 시절을 생각하면 정말 끔찍한 악몽 같아요."

"내 인생에서 지우고 싶은 날들이에요."

"선생님께 하고 싶은 이야기가 있다고 말했지만, 선생

님은 쓸데없는 소리 말고 공부나 하라고 하셨어요."

"그때 선생님이 한 번만 제게 관심을 주셨거나 저를 도와주셨다면, 그리 끔찍한 악몽 같은 그림을 그리진 않았을 거예요."

"등굣길에 교장 선생님을 우연히 만났는데 그분이 제게 희망을 주셨지요. '교장이 되니까 얼굴도 모르는 친구도 생기더구나. 너도 훗날 무언가가 된다면 다른 사람들이 너를 친구라고 자랑하게 될 거야'라고요."

그 말을 듣고 성공을 꿈꾸었던 여학생은 이제 서른넷이 되어 당당한 커리어우먼으로 자리매김하고 있다. 그녀를 변화시킨 것은 교장 선생님의 따뜻한 관심과 공감 그리고 응원의 말이었다. 그녀는 평생 잊지 못할 은인으로 교장 선생님을 꼽는다.

그리운 선생님

—

고등학교 1학년 때 나의 담임선생님은 무척 멋진 분이었다. 훤칠한 키에 뛰어난 몸매, 시원스러운 성격을 지닌 여군 출신이었다. 한창 외모에 관심 많은 여고생의 눈에도 아름다워 보였고 닮고 싶은 분이었다. 청소년 시절 자신의 모습을 잘 알고 있었기에 학생들의 고민과 방황, 이성 문제까지 충분히 이해하고 함께 고민하면서 해결책을 제시해 주었다. 극도로 예민한 시절, 예측 불가능한 돌발 상황이 발생하기 쉬운 시절이었지만 다행히 그런 선생님을 만나 사랑 받으며 무사히 방황을 넘길 수 있었다.

나는 4자매 중 유독 혼자 부모님의 속을 썩이며 "내 인생은 나의 것!"이라고 선포했던 아이였다. 그러나 혼자 아무것도 할 수 없는 어린 학생이었기에 그저 나를 옥죄어 오는 것들을 피해 자유를 찾으려 할 뿐이었다.

그런 내 마음을 알아주고 이해해 주며 선택의 갈림에서 자유를 준 사람은 담임선생님뿐이었다. 그분은 나를 따로 불러 점심을 사주시고 수업을 빼주시면서까지 나와 시간을 갖고자 했고 비뚤어진 내 행동과 마음을 이해하고 공감해 주셨다. 그리고 자신의 사직까지 감수하면서 나를 지키고자 하셨다. 무엇보다 나를 감동시킨 것은 그분의 공감하는 말투였다.

"학교 안 다닐 거니?"

"별 의미가 없는 것 같아서요."

"공부 안 하면 뭐 할 생각이니?"

"모르겠어요."

"공부를 안 하면 사회에 나가 할 수 있는 일이 그리 많지 않아. 선생님은 머리도 좋고, 재능도 많은 네가 이렇게 방황하는 것이 너무 안타깝구나. 널 보면 선생님 어린 시절이 생각난다. 나도 네 나이 때 너처럼 그렇게 방황이 심했었지. 앞날이 불안하고 막연해서 선택한 것이 군 입대였단다. 그 시간 동안 많이 고민했고 결국 내 인생을 책임져야 할 사람은 나뿐이라고 판단했어. 제대 후 다시 공부를 시작해서 지금 선생이 된 거란다."

선생님은 이처럼 자신의 경험을 이야기하며 내게 공감을 표했다. 나의 재능과 가능성을 인정하고 내게 선택권을 주셨다. 그분과의 시간을 보낸 다음날부터 나는 변했다. 성실히 수업을 들었고 더 열심히 공부했다. 완전히 바뀐 내 모습을 부모님과 다른 교사들도 의아하게 바라보며 관심을 보였다. 그러나 얼마 후 선생님은 건강상의 이유로 학교를 떠나셨다.

그분이 아니었다면 내 인생이 어떻게 달라졌을지 모른다. 그분의 따뜻한 공감 어린 말투를 진심으로 받아들이지 않았다면 지금쯤 나는 어떤 모습일까. 지금도 잊지 못할 그리운 스승이다.

그분처럼 제자들을 사랑하고 그들의 앞날을 함께 고민하며 진심으로 잘되기를 바라는 교사들이 많을 것이다.

아무리 세상이 변해간다고 해도, 교사의 기본 자세와 아이들에 대한 관심과 사랑은 특별히 남달라야 한다. 적어도 교사의 길을 선택했다면 선생으로서의 자질을 갖추는 것은 물론 초심을 잃지 말아야 한다.

아이에게 자신을 사랑하는 방법을 알려주고 아이의 독창성을 인정해 주며, 한 인격체로서 존중하고 배려해 주는 말, 그런 말투를 사용하고 있는지 돌아볼 일이다.

문득 선생님이 참 많이 보고 싶다.

○
세상에 완벽한 사람은 없다

세상에 완벽한 사람은 없다.

한 나라의 대통령도, 대기업을 이끄는 리더도 완벽한 사람은 없다.

완벽을 추구하는 사람들은 많지만 완벽한 사람은 아무도 없다.

사람은 혼자 살 수 없는 존재이므로 어느 한 부분은 늘 부족한 상태이다. 그 부족한 부분을 가지고 있는 타인과 서로 연합하여 조화를 이루어야 가정을, 사회를, 나라를 이끌어 나갈 수 있다.

자신의 부족함을 인정해야 비로소 해결책을 찾고 대처할 수 있는 능력이 생긴다. 체면은 중요하지 않다. 인정하라. 지혜로운 사람은 세 살 먹은 아이에게도 배움을 멈추지 않는다.

사장님도 사람이다

—

인간은 사회적 동물이어서 함께 모여 협력, 상생하며 살아간다. 누구든 혼자일 순 없다. 복잡한 관계를 벗어나 조용히 혼자 지내고 싶은 마음은 일시적일 뿐이다. 사람은 그렇게 살 수 없게끔 창조되었다. 집단 속에서 각자의 개성과 능력을 발휘하며 살아야 한다.

서로 협력하며 살아가는 데 있어서 한 사람이 완벽할 필요는 없다. 그래서 신은 우리에게 저마다 다른 재능을 주신 게 아닐까.

살다 보면 내가 할 수 없는 일이 참 많다는 것을 알게 된다. 그러니 타인의 도움을 받는 일에 소극적이거나 주저하지 않아야 한다. 마땅히 자신의 부족을 인정하고 도움을 요청하는 일을 부끄러워하지 않아도 된다. 우리는 타인의 도움을 받는 일을 마치 자신의 치부라도 드러내는 듯 수치스러워 하는데, 이는 명백한 교만이다. 교만은 잘하는 것을 드러내는 것이 아니라 자신의 부족을 인정하지 않는 것이다.

내가 할 수 있는 일도 많지만, 할 수 없거나 한 번도 안 해본 일도 많다. 그럴 때 주변의 도움을 요청하는 일은 잘못이나 수치가 아니다. 사람들은 의외로 누군가에게 도움이 되고 싶어 한다. 도움이 될 수 있는 자신이 대견하고 흐뭇하기 때문이다.

사람은 저마다 재능을 가지고 있다. 재능과 특성이 모두 똑같다면 사회는 더 발전할 수 없다. 각기 다른 재능들을 인정하고 도움 받을 만한 일이 있으면 곧장 요청하자.

누구에게든 도움을 요청할 수 있다. 부모가 아이에게 자신의 부족함을 인정하고 도움을 요청하면 아이는 기쁜 마음으로 응할 것이다. 부모를 도왔다는 마음 하나만으로도 아이는 자신이 무언가를 해냈다는 성취감을 느낄 것이다. 사장도 직원에게 도움을 요청할 수 있다. 직원은 자신의 능력을 인정받았다고 생각하여 발 벗고 나서서 도울 것이다. 이는 곧 필요에 의한 요청이기도 하지만 주변 사람들을 세워주기도 하는 지혜이기도 하다.

오늘 당장 누군가에게 도움을 요청해 보라. 그 전에 부탁의 말을 잊지 말아야 한다.

"내가 잘 모르겠는데, 김대리 도와줄 수 있겠어요?"보다는 "지난번에 보니까 김대리가 참 잘 하던데, 나 좀 도와줄 수 있어요?"

"아들아, 네가 컴퓨터를 잘 다룰 테니 아빠 좀 도와줄래?"보다는 "아들아, 지난번에 보니까 컴퓨터를 참 잘 다루던데 아빠 좀 도와줄래?"

인정하는 말을 앞세워야 효과가 크다는 사실을 명심하자.

실수해도 침착하게

—

누군가 당신의 인격을 모독하거나 무시한 적이 있는가? 그런 경험은 우리의 감정을 상하게 하는 것은 물론 상대에 대한 경멸과 원한의 마음을 품게 한다. 사람을 어찌 능력과 자질만으로 평가한단 말인가. 조금 부족한 사람도 있고 또한 실수도 할 수 있다. 그렇다고 그 사람이 무능하다거나 비생산적인 것은 아니다. 특정 상황이나 그날의 컨디션에 따라 예상대로 진행되지 않아서 그럴 수 있다.

특히 아주 중요한 일을 앞두고 시간이 촉박한 상태에서 실수하여 차질을 빚거나 원하는 결과를 얻지 못하기도 한다.

그런 상황에서 앞뒤 상황을 살피지 않고 단지 결과만으

로 당사자를 비난하고 폭력과 폭언을 일삼는다면 어떻게 될까? 더 나은 결과는 결코 나올 수 없을 것이다.

이런 일은 가정은 물론 직장에서도 비일비재하게 일어난다. 자칫 사기를 떨어뜨리고 의욕을 감소시켜 아까운 인재를 실족케 만드는 원인이 되기도 한다.

차량정비를 위해 카센터를 방문한 적이 있었다. 직원 한 사람이 사장으로 보이는 사람에게 호되게 질책을 당하고 있었다. 잘 모르겠지만 정비하러 온 차에 부품 하나가 빠져 자칫 큰 사고로 이어질 뻔한 일이었던 것 같다. 물론 사고를 예방하는 일을 책임져야 하는 사람들에게 그보다 큰일은 없을 것이다. 그러나 아무리 사장이라 해도 직원에게 가하는 폭력과 폭언은 보는 이들을 불쾌하게 만들었다. 20대 중반으로 보이는 젊은 직원은 사장의 손찌검에도 저항 한번 못하고 고개를 숙인 채 온갖 욕을 다 듣고 있었다.

결국 우리가 차량 점검을 재촉하면서 직원은 일단 위기를 모면했다. 그러나 그런 상태에서 일이 손에 잡힐 리 만무했다. 결국 청년은 연거푸 실수했고, 옆의 다른 직원이 대신 일을 봐줌으로써 잠시 혼자만의 시간을 가질 수 있었다. 직원은 자신의 실수를 알고 있었다. 그것이 얼마나 큰일이었는지도 알고 있었다. 그러나 실수를 만회할 기회는커녕 자존감을 다치고 치욕적인 인격 모독까지 당했다.

이런 일을 당하면 대부분 자신을 형편없는 사람이라고 생각하기 쉽다. 자신감을 잃고 같은 일을 반복하면서 같은 실수를 범할 우려도 많다. 한순간에 자신을 형편없는 사람, 자격 없는 사람, 못난 사람으로 치부하면서 실수에 대한 두려움을 갖게 된다. 결국 한 인격체를 소극적이고 겁 많은 사람으로 전락시킬 수 있다.

누구든 실수할 수 있다. 그러나 실수한 사람을 함부로 대해서는 안 된다.

"큰일 날 뻔했네. 경험이라고 생각하고 다시는 실수하는 일이 없도록 하게", "한 사람의 실수로 많은 사람이 다칠 수 있네. 자네는 아주 중요한 일을 하고 있다는 사실을 명심하게"처럼 격려의 말투를 사용하자. 내가 한 사람의 인생을 살릴 수도 있고 망가뜨릴 수도 있다는 사실을 염두에 두어야 한다. 기왕이면 존경받는 사람, 닮고 싶은 사람, 성공의 모델이 될 만한 사람, 그런 사람이 당신이었으면 좋겠다.

허점투성이도 성공할 수 있다

—

자기계발 전문가 데일 카네기는 비난하는 말에 대한 무익을 이렇게 설명했다.

"비평은 무익한 것이다. 그것은 사람을 방어하도록 만든다. 그리고 그가 스스로를 합리화하도록 만든다. 그래서 비평은 위험한 것이다. 왜냐하면 그것은 사람의 자존감을 상하게 하고 감정을 헤치고 분개심을 일으키기 때문이다."

에이브러햄 링컨은 미국은 물론 전 세계 많은 이들에게 존경받는 인물이다. 그처럼 인생의 굴곡이 많았던 대통령은 드물다. 가난한 농부의 아들로 태어나 궁핍하게 자란 그는 구둣가게 수선공, 선원으로 일하기도 했다. 그 와중에 정치에 흥미를 가지며 정계에 진출하고자 하는 꿈을 키웠다.

링컨은 정치에 관심이 많은 만큼 사람들을 비난하는 일을 잘했다. 그러던 중 자신에게 앙심을 품고 있는 사람들이 많음을 알게 되었다. 그 이유를 알게 된 링컨은 자신의 행동이 잘못이었음을 깨달았다. 비난을 일삼던 자신의 행동이 얼마나 어리석었는지 반성하게 되었다. 그 후 링컨은 누구도 비난하지 않았으며 어린아이의 말에도 귀 기울일 줄 아는 사람으로 바뀌었다. 그러자 그를 바라보는 사람들의 시선도 달라졌다. 결국 많은 사람들의 존경과 사랑까지 받으면서 대통령에도 당선되는 영광을 얻었다.

성공한 사람들의 대부분은 험난한 삶을 살아오면서 자신이 경험하고 느꼈던 많은 실수와 허점들을 자원으로 삼았다. 그리고 다른 사람들의 성공을 함께 기뻐하고 그들에게서도 많은 자원들을 습득한다. 그들이 이룬 업적을 비난하거나 경멸하는 대신 그들의 성취를 함께 기뻐하고 그들의 성공의 과정에서 얻을 수 있었던 많은 것들을 자기 것으로 받아들이기도 한다. 그만큼 성공한 사람들은 반드시 이유가 존재한다.

비난의 말투는 상대에게 상처를 줌으로써 적을 만들 뿐이다. 다른 사람을 비방하고 비난하는 대신 더 많은 것들을 얻어내는 것, 이것이 바로 삶의 지혜이자 성공의 길이다.

○

리듬을 타라

말에는 분명 힘이 있다.

당신이 지위 높은 사람이라면 아마도 권위적인 말투를 사용할 것이다. 어느 자리에서든 주도권을 잡으려 할 것이고 권위적인 말투는 사람들을 휘어잡는 힘이 되어줄 것이다. 그러나 자신의 말투를 정확히 모르는 사람들이 많다.

당신의 말투가 힘이 있고 직설적이며 단호하다면 보스의 기질을 드러낼 것이고, 주도적이고 융통성 있고 동기부여하는 말투라면 리더의 모습을 보일 것이다. 보스 기질과 리더 기질은 많은 차이를 보인다.

당신은 어떤 말투를 사용하는가?

권위적인 말

—

지위가 높을수록 주로 "해라"체를 많이 사용한다.

즉 요청이 아니라 명령어이며 상하관계에서 흔히 들을 수 있는 말이다. 이런 경우 사람들은 상관의 말에 반감이 생겨도 이를 표현하지 못한다. 자칫하면 어렵게 얻은 자리를 잃을까 염려해서다.

이러한 말에는 힘이 강하게 실려 있다. 이는 조직 내에서뿐만 아니라 가정 안에서도 흔히 볼 수 있다. 집안에서도 최고의 어른이 주도권을 쥐고 가족들에게 명령한다. 말을 듣지 않거나 반항하면 큰 불이익을 얻을 수 있다. 원하지 않아도 어쩔 수 없이 따라야만 하는 것이다. 말의 힘이 강한 사람들은 어디에서든 말에 힘을 준다. 그러나 그 힘이 작용하는 범위는 따로 있다. 어디에서나 통하지는 않는다.

예를 들어 불법을 저질렀거나 도덕에 위반되는 행위를 하였을 경우 이들의 힘은 통하지 않는다. 법은 그렇게 호락호락 말의 힘에 눌리지 않는다. 오히려 그들의 힘이 실린 말은 자신의 인격 위에 발을 얹고 짓밟는 행위가 될 수 있다. 다른 사람들도 강력한 파워에 눌릴 뿐 그를 진정으로 신임하거나 좋아해서 들어주는 것이 아니다. 대부분 마찰을 피하고 싶어서 '좋은 게 좋은 거'라며 조용히 따를 뿐이다.

그렇다면 리더의 말투는 어떨까?

리더는 자신을 주장하지 않는다. 여러 사람의 의견을 모으고 경청하며 그들의 말을 존중해 준다. 물론 지위나 권위를 빼놓을 순 없지만 진정한 리더는 그런 것을 내세워 자신이 원하는 방향으로 몰고 가진 않는다. 진정한 리더는 다른 사람과 협력할 줄 알고 사람의 마음을 움직일 줄 안다.

그들은 여러 사람의 의견을 듣는 데 있어서 자율성을 추구하고 그들이 자신의 역량을 마음껏 발휘할 수 있도록 돕는 일에 즐거움을 느낀다.

SBS 〈리더의 조건〉에 나왔던 꿈의 직장, 신의 직장이라고 불리는 제니퍼소프트의 이원영 대표는 이렇게 말했다.

"인간이 자신의 역량과 능력을 가장 열정적으로 발휘할 수 있는 기본 전제조건은 자율성이다."

리더는 타인에게 힘을 주고 동기부여를 하는 사람이다. 타인의 발전을 도모하는 일에 용기를 주는 행동과 말투를 보임으로써 자질을 갖춘 사람이다. 그러므로 권위가 느껴지는 파워 있는 말투보다 리더로서의 책임과 배려가 느껴지는 말투는 사람의 마음을 얻는 데 많은 차이를 보인다.

거절도 부드럽게
—

누군가의 요청이나 부탁을 쉽게 거절할 수 있는 사람은 많지 않다. 자칫 거절했다가 관계가 나빠지거나 나쁜 사람으로 취급될까 두려워서일 것이다. 그렇다고 곤란한 일을 무리하면서까지 들어줄 수는 없다. 그럴 때 사람들은 대개 난처한 표정을 짓거나 머뭇거리며 이런 저런 핑계거리를 생각한다. 그런데도 모른 척 부탁을 거듭하는 사람들이 있다. 인간관계에서 이처럼 어려운 일도 없다.

무리하게 남의 부탁을 들어주었다가 낭패를 당하는 경우가 많다. 거절해야 하는 상황이라면 단호하게 거절할 줄 알아야 한다. 그들은 당신이 거절하지 못하리라는 계산을 이미 해두고 있다. 그 함정에 빠진다면 결과가 어떻든 현명하게 대처하지 못한 당신의 책임이다. 결과에 연연해 상심하거나 자책해서는 안 된다. 그런 일들을 미연에 방지하려면 조금 힘들더라도 단호하게 거절하는 법을 배워야 한다.

아무 이유도 없이 핑계를 대는 건 상대의 반감을 살 뿐이다. 관계를 유지하고 싶다면 거절의 이유를 정확히 표현하는 것이 좋다.

"김 선생님, 우리 모임의 회장을 선출해야 하는데 선생님이 해주시면 좋겠어요."

리더는 많은 사람들이 힘들어하는 부담스러운 자리이다. 그만큼의 책임과 능력을 필요로 하기 때문이다. 보통 사람들은 손사래를 치며 거절하지만, 자칫 부족하거나 형편없는 사람으로 오인 받을 수 있다. 가능하면 할 수 없는 이유를 설명하라.

"회장직을 감당하려면 시간과 건강 그리고 리더십 등이 필요한데, 제 업무상 관련된 일들을 하는 것으로도 힘겹다 보니 회장으로서 책임을 다하지 못할 것 같습니다. 제가 일이 좀 덜어지면 그때 자원해서 봉사할 테니 이번엔 다른 사람으로 결정하는 게 좋겠습니다."

무조건 거절하기보다는 먼저 요청받은 일에 관심을 표하자. 지금은 아니더라도 언젠가 봉사할 의향이 있다는 것만으로도 사람들은 당신에게 호감을 갖게 된다.

"돈 좀 빌려 줄래요?"

이런 부탁은 정말 난감하다. 무조건 없다고 말하는 대신 "정말 많이 속상하겠어요. 제 능력은 안 되지만 한번 알아봐 드릴게요. 하지만 그리 쉽지 않을 거예요. 일단 다른 곳에서 융통해 보세요."

그동안 그는 다른 곳을 알아보고 일을 해결할 수도 있고, 만일 당신에게 다시 부탁하더라도 쉽지 않을 거란 말을 해놨으니 당신 때문에 마음 상하거나 하는 일은 피할 수 있다.

결국은 거절했지만 당신의 이미지를 향상시키는 데 도움을 주니 일석이조인 셈이다. 선의의 거짓도 가끔은 상대에게 위로가 될 수 있으며 사람을 잃는 일도 막을 수 있다.

말투는 미래를 예견한다

—

신중하거나 매사에 심각한 사람 혹은 부정적인 성향을 가지고 있는 사람은 흔히 늘어지는 말투를 사용한다. 무슨 말이든 지나치게 리듬을 타거나 끝이 늘어진다.

내 지인 중에도 그런 사람이 있다. 그의 말투는 항상 징징거린다. 아이처럼 칭얼대듯 말끝을 늘어뜨린다. 이런 사람의 입에서 나오는 소리는 매사 부정적이다. "힘들어 죽겠어," "아파 죽겠어", "안 되면 어떡해?" 온통 안 된다는 소리다.

말투는 미래의 인생을 예언한다.

미래의 삶은 말투에서 읽을 수 있다. 그 사람이 어떤 말을 많이 하는지, 어떤 말투를 주로 사용하는지 보면 미래가 그려진다.

말에는 우리가 상상하지 못할 만큼의 힘이 있다. 그래서 우리가 사용하는 말도 중요하지만 말투 또한 중요하다. 울리는 꽹과리처럼 요란한 말투나 험한 말을 입에 담아서는 안 된다.

부정적인 말일수록 삶에 작용하는 능력이 강하다. 남을 비난하거나 험담하는 말, 부정하고 걱정하는 말, 저주하거나 안 되기를 바라는 말, 이런 말들은 부메랑이 되어 자신의 삶으로 돌아와 파고든다.

사업이 번창하기를 바란다면 직원들의 사기를 높여주는 말을 자주 사용하자. 자녀가 잘되기를 바란다면 아이가 한 일들을 칭찬하고 자존감을 향상시켜 주는 말을 하자. 내 부모가 관대하기를 바란다면 그의 인생을 인정해주고 노고를 치하하는 말을 하자.

결국은 그런 긍정적인 말투가 나의 삶을 밝혀 준다. 내 입에서 나오는 모든 말이 내 삶에 파고들어 나를 죽이기도 살리기도 한다는 사실을 잊지 말아야 한다.

말꼬리는 물면 물수록 길어진다

—

말이란 참 달콤하기도 하고 살벌하기도 하며, 슬프기도 하고 아프기도 하다.

온갖 감정이 다 담겨 있다. 말 하나로 성공하는 사람이 있는가 하면 말 하나로 쫄딱 망하는 사람도 있다.

두 사람이 한참 신경전을 벌인다. 가만히 들어보니 별 대수롭지 않은 일이다. 그런데 엄청나게 감정이 격해져 있다. 언성이 점점 높아지고 심지어는 주먹이 오갈 듯하다. 그렇게 감정이 격해진 이유는 다름 아닌 말꼬리를 물고 늘어지는 기세 때문이었다. 말꼬리를 물고 늘어지는 것은 절대 지지 않겠다는 심사이다.

인간관계에서 말이란 빼놓을 수 없는 주요 요소이다. 이를 어떻게 사용하느냐에 따라 성공도, 행복도, 사랑도, 우정도 달라진다.

어느 날 50대 여성이 내게 상담을 요청해왔다. 그녀에게는 아들과 딸이 있는데, 둘은 만나기만 하면 말다툼을 일삼는 통에 불안해 죽겠다는 것이다. 아이들과 대화해보니, 별 것 아닌 사소한 일로 대화할 때도 말투가 문제였다. 마치 따지거나 질책하는 듯한 말투에 서로 감정이 상해 언성이 높아진 것이다.

그러나 정작 본인들은 이 사실을 모르고 있었다. 상대의 말투는 불만스러웠지만 자신의 말투에 문제가 있다는 것은 인정하지 않았다. 그렇게 상해버린 감정은 꼬리에 꼬리를 물고 계속된다. 그러나 결국 아무것도 바뀌지 않고 제자리만 맴돌 뿐이었다. 문제와 답이 이미 나왔는데도 자신의 말투를 점검하지 않고 상대의 잘못만 바라보기 때문이다.

누구나 말에서 지는 것을 싫어한다. 자신의 말을 주장하길 원하고 자신이 옳다고 여기기 때문이다. 말에서 지면 자신이 틀렸다고 인정하는 것이라고 생각한다.

말로 승부를 거는 것은 인간관계에선 치명적인 악영향을 미친다. 그보다는 자신의 말투를 점검하는 일이 우선이다. 자신이 알 수 없다면 주변 사람들에게 물으라. 그것이 가장 정확한 답변이자 해결책이다.

4장
—
참 괜찮은 사람의 언어

○

말은 자신을 숨기지 못한다

우리의 감정을 대변하는 것 중 대표적인 것이 표정이다. 그러나 표정은 마음대로 드러내거나 감추거나 만들 수 있다.

하지만 말투는 아무리 감정을 숨기려 해도 잘 숨겨지지 않는다. 말은 위장이 가능하지만 말투는 거짓으로 꾸미지 못한다.

"지금 내 기분이 어떤지 아세요?"
—

내게는 유독 남성스러운 친구가 있었다. 말투는 물론 목소리, 생김새까지도 남성에 가까웠다. 그런데 어느 날부터인가 그에게 변화가 생겼다. 말수가 현저히 줄었고 목소리

톤도 상당히 안정되었다. 평소 거칠고 탁한 목소리는 사라지고 부드럽고 상냥한 말투로 바뀌었다. 누가 봐도 딱 알아챌 수 있는 그녀의 변화였다. 짐작대로 그녀에게 사랑이 찾아온 것이다. 남자 같은 친구였는데 사랑이라는 감정을 느끼면서 모든 것이 변했다. 참 신기하다고 생각했던 기억이 난다. 이처럼 말투는 감정을 감추지 못한다.

어느 날 동네 개인 주차구역에서 시비가 일어났다. 그 지역을 방문한 사람은 마땅히 주차할 공간이 없어 한참 헤매다가 빈자리를 발견해 주차했는데 십 여분 만에 자리 주인인 젊은 남성이 왔다. 방문자는 서둘러 차를 빼러 달려왔다. 죄송하다는 말을 거듭하고 차를 빼려 하는데 젊은 남자는 차량 앞으로 다가가 온갖 욕설을 퍼부으며 아버지뻘 되는 사람에게 면박을 주었다.

"허락도 없이 남의 자리에다 차를 대놓고, 이것도 엄연히 주거침입이란 거 몰라?"

"죄송합니다. 잠깐 볼일 좀 보느라고, 금방 빼려고 했습니다."

"당신 이거 내가 신고해도 어쩔 수 없는 거야. 알기나 해?"

"아, 네 죄송합니다. 빨리 뺄 테니 욕 좀 빼시죠!"

마치 무슨 큰 죄라도 지은 것 같은 닦달에 방문자의 감정은 무척 상한 듯했다. 그의 말투가 점점 강해졌다. 아들 같은 사람에게 그런 수모를 당했으니 마음이 오죽 상했을까. 그래도 그는 인내심이 강한 사람이었다. 조금만 더 있어도 문제가 심각해질 상황이었다. 지나가던 행인이 두 사람을 격리시키고 다행히 차가 출발하면서 우려한 일은 발생하지 않았다.

이렇듯 감정을 숨기기란 쉽지 않은 일이다. 좋은 일이라면 모를까 좋지 않은 일이라면 그런 감정은 아주 미세한 자극에도 반응하게 된다. 그로 인해 영문을 모르는 사람들에게 상처도 입힐 수 있다.

차라리 말을 하는 것이 좋다. 오늘 있었던 일을 말하던가 여의치 않으면, "오늘 내 기분이 엉망이야", "잠시만 혼자 있게 해줘"라고 말하자. 아무 말도 하지 않으면 누구도 당신의 상태를 알 수 없다.

"내 잘못이라고?"

—

부부싸움이 잦은 사람이 있었다. 그는 친구를 찾아가 부부싸움의 원인을 남편에게 돌리며 푸념을 늘어놓았다. 술만 먹으면 문제를 일으키는 남편을 탓하며 삶의 고충을 토로하는데 한참을 듣고 있던 친구가 한마디 한다.

"너에게도 책임이 있어"

"내게 무슨 책임이 있는데? 난 피해자라고!"

"그렇게까지 하게끔 네가 만든 거야."

"무슨 말을 그렇게 하니?"

두 사람의 대화는 불쾌한 감정으로 끝이 났다.

부부싸움을 털어놓은 사람은 이미 자신이 한 말을 후회했다. 친구에게 찬물 한 바가지 뒤집어 쓴 격이 되었다. 다시는 친구에게 이런 얘기를 하지 않겠노라 다짐한다.

그녀가 듣고 싶은 소리는 따로 있었던 것이다.

"힘들지, 괜찮아?"

"속상하겠다."

이런 사소한 한마디가 그리 어렵던가. 아픈 곳을 콕콕 찔러가며 지적을 해야만 직성이 풀리는가. 아프다고 말하며 상처를 내보이는 사람에게 소금물을 끼얹어 고통을 주면 속이 후련한가. 생각 없이 던진 한마디로 그 사람의 친구로 남을 자격을 박탈당했다. 솔직함은 때로는 비수처럼 날카로운 무기가 될 수 있다.

말하기 전에 한 템포만 쉬어 보자. 내가 지금 하려는 말이 상대에게 어떤 유익을 줄 것인가?

경험도 경험 나름이다

—

대부분의 사람들은 자신이 경험한 것이 전부이라 생각한다. 그러나 경험에도 크기와 깊이와 넓이가 있다. 비슷한 경험일지라도 경험자의 판단과 생각과 수용에 따라 큰 차이가 있다.

어떤 이에게는 아주 작은 문제도 어마어마한 무게로 다가오고, 어떤 이에게는 큰 문제도 그다지 심각하지 않다. 그래서 누군가와 경험을 나눌 때 공감 정도가 다를 수밖에 없다.

사람들은 말한다. 사람 사는 게 다 거기서 거기라고. 정말 그럴까? 삶의 모습들은 비슷할지도 모르지만 삶의 무게를 느끼는 정도는 엄청나게 차이가 난다. 나의 작은 아픔은 거대한 산이 되고 다른 사람의 거대한 고통은 작은 언덕에 불과한 것이 사람이다.

나의 큰아이는 여섯 살 때 뇌종양 진단을 받았다. 오랜

투병 끝에 전이나 재발은 막았지만 여전히 그 아이는 내게 무척이나 아픈 손가락이다. 생사를 넘나드는 고통을 수없이 겪었다. 이런 내게 다른 사람이 토로하는 자잘한 고통들은 약 먹고 치료하면 나을 수 있는 감기 같은 것에 불과하다. 나의 고통을 이해할 수 있는 사람은 큰아이와 비슷한 사례를 가진 부모들뿐이다. 즉 중대한 질병을 얻고 생사를 넘나드는 혹독한 경험을 해본 사람만이 알 수 있다.

사람은 자신이 경험한 것 이상으로 느낄 수 없다. 공감도 비슷한 사람끼리 할 수 있다. 자기가 경험하지 못한 이야기를 들으면서 "다 이해해요", "다 알아요"라고 섣불리 말하지 말라. 차라리 "많이 힘드셨겠어요", "어떻게 견디셨어요"라고 하라. 다 아는 척 누구나 그렇다고 말하는 것은 비슷한 처지에 있는 사람끼리 통하는 얘기다. 당신이 모르는 아픔과 고통, 상상조차 하기 싫은 경험들을 겪은 사람들 앞에서는 차라리 침묵이 위로가 된다.

ㅇ
투덜거리면 거덜 난다

무엇이 그리 못마땅할까. 무슨 일이든 마음에 들지 않으면 쉬지 않고 투덜대는 사람들이 있다. 이들은 누구와 어디에 있든 불평을 멈추지 않는다. 함께 있는 것이 민망할 정도로 쉼 없이 투덜거리는 통에 짜증이 날 때도 있다.

짜증은 짜증을 끌어들인다. 투덜거리다 결국 모든 게 털려 날아간다. 투덜이와 함께 있는 사람은 조심하라. 그의 투덜거림으로 인해 당신의 복마저 털릴 수 있으니.

부정은 부정을 낳는다
—

무슨 일이든 무슨 말이든 들려도 듣지 않고 말해도 못 믿는 사람들이 있다. 지나치게 신중하고 의심이 많은 이들은 눈으로 직접 보아도 의심한다.

'무언가 조작되었을 거야.'

백화점에서 옷을 살 때 직원이 권하는 옷은 더더욱 사양한다.

'안 팔리거나, 인기 없거나, 문제 있는 옷일지 몰라.'

친구가 좋은 정보를 알려주어도 '내게 왜 저런 정보를 주는 거지? 뭔가 꿍꿍이가 있는 건가' 의심한다.

이들은 좋은 걸 주어도 의심한다. 아무리 유익한 정보를 나누어도 그 자체를 신뢰하지 않는다. 자기 자신 외에는 어느 누구도 믿지 못한다. 때로는 자신도 믿지 못한다. 의심하는 말투는 선한 의도로 함께하는 사람들에게 불쾌감을 줄 수 있다. 무엇이든 부정적으로 생각하는 경향이 있으며 불신이 앞서기 때문에 누구와도 깊은 관계를 맺기 어렵다. 그래서 늘 외로움을 느끼고 쉽게 우울해 하기도 한다.

이런 유형의 사람들은 자신의 말투에 담긴 생각을 알아차려야 한다. 매사에 불평과 의심을 멈추지 않고 살진 않는지, 상대의 장점은 무시하고 단점만을 보려 하진 않는지, 자신은 형편없고 못난 사람이라는 열등감에 빠져 있진 않은지. 이들은 이렇게 호소한다.

"나는 아무 문제없어요." "사람들은 나처럼 착한 사람을 이용하려고만 해요." "그래서 코 베이지 않으려면 정신 똑바로 차려야 해요." "세상에 믿을 사람은 오직 나 한 사람뿐이에요."

의심하는 말, 불평하는 말, 부정하는 말은 오랫동안 당신과 함께할 사람들을 지치게 만든다. 그런 말들은 실제로 당신 삶에 부정적인 영향을 끌어들인다. 당신이 믿지 못하는 세상만큼 당신에게 세상이 돌려줄 건 아무것도 없다.

긍정에는 접속사가 필요 없다

—

직장생활을 하다 보면 참 다양한 사람들을 만난다. 저마다 다른 개성, 다른 장점과 단점 그리고 강점과 약점들이 있기 마련이다. 유난히 마음을 편하게 해주는 사람이 있는가 하면 유난히 까칠하거나 불편한 사람도 있다. 이것은 받아들임과도 관련이 있다. 즉, 내 마음과 통하는 사람, 통하지 않는 사람의 차이다.

나의 생각이나 판단, 의견에 긍정의 표현을 해주는 사람을 싫어하는 사람이 있을까. 부정은 적을 만들고 긍정은 환심을 얻는다. 뻔한 대답일지라도 긍정의 말투는 그만큼 사람의 마음을 움직이는 데 큰 공헌을 한다.

지인 중 무슨 말이든 사사건건 반대를 표하는 사람이 있다. 그녀는 "그랬구나, 그럴 수도 있겠네, 네 생각이 정말 놀라워, 넌 참 대단해, 참 힘들었겠다" 같은 말을 하지 않는다.

대신 그녀가 자주 사용하는 말은 "그런데"이다. 이 말은 앞의 내용에 반대를 표현하기 위해 습관처럼 붙이는 접두어이다. 상대의 말을 지적하거나 의문을 표할 때 자신도 모르게 이 말을 사용하는 것이다.

이러한 부정적인 말을 습관처럼 사용하지는 않는지 스스로 점검해 봐야 한다.

"난 사람들 앞에만 서면 너무 떨려서 어쩔 줄 모르겠어"라고 동료가 말할 때 당신이라면 어떤 말을 해줄 것인가?

"아, 그런 줄 몰랐네? 그런데 네 손 처리가 조금 어색하긴 했어. 누구나 처음엔 다 그래."

"아, 그랬구나. 그래서 자세가 부자연스럽고 어색해 보인 거구나. 쉬운 일은 아니지."

"아, 그랬구나! 전혀 눈치 채지 못한 걸 보니 점점 좋아지고 있는 게 분명해!"

얼핏 모두 위로와 긍정의 말처럼 보이지만 자세히 보면 분명히 다르다는 것을 알 수 있다. 긍정에는 접속사가 필요 없다.

싫으면 싫다고 말하라

—

싫다는 소리를 하지 못하고 마지못해 따르다가는 불평과 불만만 커진다.

예나 지금이나 사람들은 "싫다"라는 말을 꺼내기를 어려워한다. 분위기를 망치는 것 같기도 하고, 괜히 이상한 사람 취급이라도 받을까봐 고민한다. 그러나 그런 걱정은 하지 않아도 된다. 싫다 했다고 이상한 사람 취급하는 그 사람이 이상한 사람이다. 사람이 어떻게 다 같을 수 있는가. 좋고 싫은 것이 분명하게 나뉘는데 그것이 정해진 것이 있던가. 내가 싫으면 싫은 것이다.

과거에는 윗사람이 시키면 따라야 도리라고 배웠다. 거절하는 것이 불편하기도 하지만 상대에게 상처를 주는 것은 아닐까 하는 생각에 차마 싫다고 못하고 울며 겨자 먹기로 행동했다. 그러나 "아니" 혹은 "싫어"라고 단호하게 말할 수 있어야 한다.

또한 그렇게 자신의 소견을 밝히는 사람을 존중해 주어야 한다. 이를 말하는 사람은 부드러운 소리로 우호적으로 말하는 법을 익혀야 한다. 상냥하고 다정하면서도 단호하게 싫은 이유를 말할 수 있어야 한다.

한 유명한 판사는 일반 사람들이 하기 어려운 말을 대변이라도 하듯 우리가 하고 싶어 하는 말을 판결문처럼 외쳤다.

"회식하지 마라. 싫으면 싫다고 말하라."

지나치게 고민하지 않아도 된다. 싫으면 싫다, 안 되면 안 된다고 말하라.

투덜거리거나 울상을 하고 억지로 무리에 끼어 있는 것보다 자신의 마음이 원하는 대로 하자.

○ 남을 칭찬하기 싫은 이유

칭찬하고 인정하면 하늘 높은 줄 모르고 교만해 할까봐 칭찬하지 않는다는 사람이 있다. 그 마음에는 미움과 질투라는 감정이 공존한다. 그런 사람은 칭찬 대신 비난으로 상대의 가치를 깎아 내리려고 애쓴다. 그 이면엔 자신이 더 칭찬 받고 싶은 욕망이 숨어 있다. 조금만 더 관대한 마음으로 세상을 바라보면 어떨까?

칭찬의 효력
—

"저 친구 어때? 참 잘하고 있지?"
그는 대답하고 싶지 않은지 대부분 고개만 살짝 끄덕이거나 관심을 회피할 뿐 칭찬의 말은 하지 않는다. 말하기 싫은 것일까 인정하고 싶지 않아서일까. 긍정적 언어 사용을 무척 꺼려한다.

결국 말은 마음에서 나온다. 어떤 마음을 먹느냐에 따라 입에서 나오는 말이 달라진다. 매사에 부정적인 사람은 남 칭찬에 매우 인색하다. 모든 중심을 자신과 비교하는 것에 초점을 둔다. 자신의 부족함을 알면 알수록 인정하고 싶어 하지 않는다. 그러다 보니 다른 사람을 칭찬하는 것은 자신의 부족함을 인정하는 것으로 여겨 더더욱 칭찬에 인색하게 된다.

예전에는 칭찬을 자주 듣는 사람은 교만해지기 쉽다고 생각했다. 그래서 특히 부모들은 자녀의 칭찬을 아꼈다고 한다. 7080 세대들 대부분은 칭찬에 익숙하지 않아서, 하는 것도 듣는 것도 낯간지럽게 여긴다. 그렇게 모순된 사고방식을 가지고 있었기 때문에 칭찬이 어려운 일이 아닌데도 참 힘든 일이 되었다.

교육심리학에 '호빙효과'라는 용어가 있다. 학교에서 낙제생이었던 호빙이 낙제를 면하기 위해 무언가를 대신해야 했다. 그래서 선택한 조각수업에서 교수의 질문에 다른 학생들과는 다른 솔직한 자신의 생각을 이야기했다. 교수는 사물을 꿰뚫어 보는 호빙의 능력과 솔직함을 높이 평가했고, 구체적인 칭찬에 감동한 호빙은 훗날 예술작품을 평가하는 감정사가 되었다는 유명한 사례에서 유래했다.

긍정하는 말, 칭찬의 말은 한 사람의 인생을 송두리째 바꿔 놓을 수 있는 엄청난 힘을 갖는다. 사람은 칭찬을 들으면 기쁨과 함께 부담을 느낀다. 그 칭찬에 부응하기 위해 더욱 열심히 자기계발에 힘쓰게 되는 것이다. 이것이 바로 심리학에서 끊임없이 연구하고 발표하는 칭찬의 효과이다.

남녀노소 누구나 칭찬을 들으면 기분이 좋아지고, 자신을 칭찬하는 사람에게 악감정을 품지 못한다. 비록 적이라 할지라도 나를 칭찬하면 오히려 그를 친구로 받아들이고 굳게 닫힌 마음의 빗장을 연다.

정작 가족이나 가까운 친구들이 서로 칭찬하기를 소홀히 하는 경향이 있다. '꼭 말을 해야 아나?' 라고 생각하겠지만, 칭찬은 입 밖으로 나왔을 때에만 효력을 발휘한다.

다만 자녀들을 상대로 조심할 것은 과잉칭찬이다. 칭찬에는 구체적인 이유가 분명히 있어야 한다. 지나친 과잉칭찬은 아이의 자긍심을 강하게 만들기 때문에 무슨 일이든 칭찬을 받아야만 자신을 평가하게 된다. 그렇게 되면 자칫 칭찬을 듣지 못할 때 자기비하와 혐오가 발생할 위험이 있다. 현명한 칭찬, 지혜로운 칭찬을 하되 적절한 때와 상황 등을 잘 이용해야 한다.

해낸 일에 대한 사소한 말 한마디가 큰 반향을 불러일으킨다.

"훌륭해", "잘했어", "역시 대단해", "역시 자네뿐이군", "진짜 멋지다."

자, 오늘도 내 사랑하는 사람들을 위해 가벼운 칭찬 한마디로 하루를 시작하자.

'인정'에 인색하지 말라

사회적으로 꽤 성공한 사람들도 집안 식구들이 모인 자리에서는 빛을 발하지 못한다. 아니 오히려 죄지은 사람마냥 정체성을 잃어버리기도 한다.

사람은 자기가 이뤄낸 업적이나 성취를 인정 받고 싶어 한다. 특히 가족들에게는 더욱 그렇다. 그러나 오히려 가까운 사람들일수록 인정에 인색하다. 성공을 긍정하기보다는 부정하는 쪽으로 마음이 기운다. 왜 그럴까?

너무 익숙해서? 칭찬에 인색해서? 타인에게는 너그러우면서 가족에게는 혹독한 잣대를 들이대는 사람이 많다. 군중의 칭송을 받는 사람까지 가족에게는 냉대와 비난을 받을 때가 있다. 그래서 더 큰 갈등이 일어나고 깊은 상처가 발생한다. 갈등 이전에 냉대 받고 인정받지 못하는 마음의 상처가 차곡차곡 쌓여 있다. 그 상처를 치유하지 못한 상태로, 살짝 건드리면 폭발하는 지뢰처럼 똬리를 틀고 있다가 갈등상황이 되면 크게 폭발하는 것이다.

〈2015년 국립국어원〉에서 조사한 통계자료에 의하면 가족에게 듣고 싶은 말 중, 부모는 수고에 대한 감사가 71%, 능력에 대한 칭찬 13%, 성격에 대한 칭찬 7%, 그외 9%였으며,

자녀는 노력에 대한 칭찬 52%, 행동에 대한 칭찬 26.5%, 성적에 대한 칭찬 10%, 그 외11.5%였다.

가족에게 가장 듣기 싫은 말 중, 부모는 내 말을 잔소리로 받는 것 47%, 원망하는 말 32%, 다른 부모와 비교하는 말10%, 그 외 11%였고,

자녀는 다른 사람과 비교하는 말 46%, 행동에 대한 지적 25%, 성적에 대한 불만 20%, 그 외 9%로 나타났다.

이처럼 부모나 자녀 모두 자신의 수고와 노력에 대한

'인정'을 원한다.

국립국어원은 "말 한마디로 가족을 기쁘게 할 수도 속상하게 할 수도 있으니 상대방을 배려하는 말로 가족의 기운을 북돋아 주자"고 권유한다.

완벽한 가족은 없다. 그러니 서로 이해하며 더 너그러운 마음으로 바라봐야 한다. 부족한 것이 보일지라도 그것을 지적하기보다는 성취해낸 것을 칭찬하고 인정해 주어야 한다. 살과 피를 함께 나눈 사람들이다. 남보다 못해서야 되겠는가?

"당신 덕분입니다"

가끔 누군가에게 동기부여를 하고 얼마 후 그것을 행동으로 옮긴 후 그의 삶에 변화가 일어날 때가 있다. 그 사람의 긍정적인 변화를 보면서 함께 기뻐하는 마음이지만 은근히 "당신 덕분입니다"라는 말이 기다려질 때가 있다.

전문가로 활약하며 대외적으로 알려진 사람이 있다. 어느 날 그는 친구가 경제적 어려움으로 힘들게 살고 있다는 사실을 알게 되었다. 그는 친구의 경제적 어려움이 해결될 수 있도록 지인이 운영하는 회사에 다리를 놓아주었다. 그 덕분에 친구는 이전보다 세 배 이상의 월급을 받으며 살림이 점점 나아졌고 안정을 찾아갔다. 이후에도 그들은 자주 만났지만, 친구는 자신을 도와준 그에게 한 번도 "고맙다, 덕분이다"라는 말을 하지 않았다고 한다. 훗날 회사 사장인 지인을 통해 들으니, 그는 그 회사에 들어온 것도, 소개를 받은 것도 모두 자신의 운이라고 말했단다. 그리고 얼마 후 지인은 그를 해고했다.

물론 그 사람의 말도 일리는 있다. 사람을 만나는 것도, 자신의 형편이 좋아지는 것도 운이고 복이다. 그러나 그의 결정적인 실수는, 상대에 대한 고마움을 인정하지 않고 모든 공을 자신에게 돌렸다는 것이다. 결국 해고당한 그는 예전처럼 힘겨운 일을 하며 박봉의 월급으로 전전긍긍 살고 있다고 한다.

"자네 덕분에 내가 살았네."
"고맙네 친구, 자네 아니었으면 힘들었을 거야!"
"말 한마디로 천 냥 빚을 갚는다"고 하지 않는가. 자신을 도와준 친구에게 진심 어린 감사의 말 한마디를 건넸다면 상황은 달라졌을 것이다. 전문가는 친구의 해고 제의를 들었지만 거기에 어떤 반대 의견도 내지 않았다. 그냥 모르는 척했던 것이다.

모든 관계에는 감정이 앞선다. 아무리 작은 도움이라도 고마움을 표하는 말에 인색하지 말아야 한다. 진심으로 전하는 감사는 사람의 마음을 넉넉하게 만든다. 그 말이 언젠가는 위기에 처한 나를 살리는 말이 될 수 있다. 아니면 나를 돕던 사람의 마음을 다치게 하여 친구를 적으로 만드는 결과를 초래하기도 한다.

어린아이도 고맙다는 말을 들으면 어깨를 으쓱한다. 무엇 하나라도 더 주고 싶어 한다.

칭찬만큼 "고마워, 네 덕분이야"라는 말도 큰 효력을 갖는다. '칭찬의 말'이 받은 사람의 기쁨이 된다면 "덕분이야"라는 말은 상대와 나 둘 다에게 유익을 주는 언어다.

배움의 자세

자신이 아는 내용은 쉴 새 없이 말로 쏟아내고, 아는 내용이 아니면 귀를 닫아 버리는 사람들이 있다. 자신이 보고 들은 적이 없다고 무시하거나 인정하지 않는 사람들의 전형적인 자세다.

배움은 새로운 것이다. 가장 올바른 배움의 자세는 입을 닫고 귀를 여는 것이다. 그래야만 내 안에 차곡차곡 쌓인다. 반대로 귀를 닫고 입을 열어놓아서는 그 어떤 좋은 배움도 내 것이 되지 못한다. 더 이상 배움이 없는 어리석은 사람이 되어서는 안 된다.

열등감이 빚어낸 무시

—

마음의 문을 열고 주변을 살피면 가슴앓이를 하며 지내는 많은 이웃들을 만날 수 있다. 나를 높이 세우고 싶지만 세우지 못하는 고통에서 나오는 신음이다.

"나도 잘 살고 싶고, 잘하고 싶고, 누구보다 뛰어나고 싶다."

"그러나 지금껏 살아온 세월이 나를 알아주지 않았고 나에게 관대하지 않았다."

"세상은 불공평해. 다른 사람에게 주어진 모든 일들이 내게는 허락되지 않았어."

"그러므로 난 홀로 서야만 한다."

그래서 틈을 비집고 자리한 것이 열등감이다.

배움을 추구하는 사람들은 새로운 지식을 공부하는 데 많은 즐거움과 흥미를 느낀다. 그들은 이해력이 풍부하고 새로운 것에 대한 거부감이 없다. 이들은 자기 자신을 이해하고 성장시키기 위해 끊임없이 공부한다.

그러나 배움이 못난 자신을 인정하는 꼴이라고 생각하는 사람들이 있다. 이들은 더 이상 배울 게 없다고 말한다. 자신의 부족함을 인정하고 싶지 않은 것이다.

이들은 어려운 대화가 오가는 자리를 좋아하지 않는다. 자신이 아는 것에만 관심이 있으므로 모르는 내용엔 관심도 흥미도 없다.

흔히 말하는 열등감이나 자격지심 등이 많은 사람들을 논리적으로 풀어내기는 어렵다. 다만 이런 마음을 가지고서는 어려운 대화가 오가는 그 자리가 열등한 자신의 내면을 들여다보게 하는 촉매제가 되어 스스로 힘들어 한다. 그들은 이해가 안 된다거나 잘 모른다는 말을 절대 하지 않는다. 그런 자신의 모습이 싫어서 스스로 피할 뿐이다.

그러고는 비난이나 무시하는 것으로 자신을 합리화한다. 다른 사람의 지적 능력을 인정하고 싶지 않기 때문에 애써 못 본 체한다. 열등감은 자의식 속에서 발생한다. 외면하고 무시한다 해도 스스로를 들볶을 뿐 아무런 도움도 되지 않는다.

열등감을 극복하는 방법은 자신의 내면 상태를 돌아보고, 이해하고, 인정하고, 개선하려 노력하는 것이다. 끝까지 자신의 상태를 모르고 개선할 여지가 없다면 평생을 열등감으로 피곤한 삶을 살 수밖에 없다.

열등감은 누가 만들어 주는 것이 아니며 자신이 만들어

낸 자화상일 뿐이다. 발전을 도모하는 일을 자신의 열등함을 드러내는 것이라고 생각하는 자세부터 바꿔야 한다. 배움에는 끝이 없다. 많이 배우고 익히는 것은 겸손이다. 오히려 배움을 마다하는 것은 교만이다. 당신의 외면과 무시하는 말투는 자신의 잘못된 인성을 밝혀주는 등불이 될 뿐이다.

자신을 먼저 사랑하는 법을 배워야 한다. 남보다 부족하다고 느낄수록 더 열심히 자기계발에 전력을 다해야 한다. 배움에 나이는 없다. 지금이 자신의 열등함을 극복할 수 있는 기회다.

"나는 할 수 있다!" "나는 나를 위해 남은 생을 살아갈 것이다!"라고 외쳐보자.

당신은 누구보다 소중한 사람이며, 누구보다도 특별한 사람이다.

말공부

—

큰 고민 없이 상대에게 인사를 건넬 때 주로 쓰는 말은 "수고하세요, 건강하세요, 행복하세요" 등이다. 모두 좋은 말이며 상대의 안녕을 빌어주는 고운 말투이다.

그러나 뜻을 정확히 살펴보면 이 말들은 어디까지나 명령어에 지나지 않는다. 위의 말들은 모두 형용사로 사용되는데 형용사는 명령형으로 사용할 수 없다.

그러니 남의 행복을 빌어주는 말은

"덕분입니다."

"건강하시길 바랍니다."

"행복하시길 바랍니다."

"좋은 하루 보내시길 바랍니다."

라는 말로 대신해야 맞다. 이렇게 해야 명령이 아닌 바람을 담은 말이 된다. 이처럼 우리가 무심코 내뱉는 말들도 올바른 사용법을 알 필요가 있다.

'다르다'와 '틀리다'의 차이도 크다.

'다르다'는 서로 같지 않음을 말하는 표현이고, '틀리다'는 잘못되었거나 옳지 않다는 의미이다. 그러므로 다름을 인정한다는 것은 너와 내가 각각이므로 다를 수밖에 없음을 말하는 것이다. 사람들은 이 다름을 인정하지 못하고 내가 옳으니 나와 반대인 상대는 "틀렸다"고 말한다. 그것이 서로의 감정을 건드리기 때문에 불화가 생기고 관계가 악화된다.

'괜히 생각해서 인사했는데 그 말이 잘못되었다니 인사도 함부로 못하겠네'라고 볼멘소리를 할지도 모르겠다. 사실 이렇게까지 생각하며 말하는 사람은 많지 않다. 그래서 말하는 사람도 생각 없이 말하고 듣는 사람도 생각 없이 듣는다. 소통에 문제가 없으므로 그리 마음 쓸 일은 아닐지도 모른다.

그러나 잘못된 문법임을 알고 나 먼저 제대로 된 문법을 사용하는 것도 좋은 일이 아닌가. 그러니 오늘부터 내가 먼저 사용해 보자.

4차 산업이다, 혁명이다 해서 세상은 화살처럼 빠르게 앞으로 나아가고 있다. 무엇이 바뀌는지 다 알기조차 어려울 만큼 변화가 심하다. 그런데 그만큼 빠르게 변화하는 것이 언어이다. 우리는 아둔하게도 들리는 세상의 온갖 소리에 귀가 적응해가는 것을 놔두고만 있다. 투박하고 거친 소리도 이내 익숙해져 거부감을 느끼지 않는 자신을 발견하곤 한다. 나도 가끔은 아이들이 흔히 쓰는 은어를 아무렇지 않게 쓰고 있는 나 자신에게 흠칫 놀란다.

말이란 이렇게 자신도 모르는 사이에 익숙해져 옳은지

그른지를 판단할 수 있는 능력을 상실하게 만든다. 말이란 습관이므로 평소 어떻게 쓰느냐가 중요하다. 빠르게 변화하는 세상에서 품격 있는 지성인으로 살고 싶다면 때와 장소를 불문하고 지성인의 언어를 사용해야 한다.

○

감정이 뿜어내는 말투

맘에 들지 않는 자리에서 품위를 지키기란 쉽지 않다.
피할 수 없는 자리라면 차라리 침묵하는 것이 큰 힘이 될
수 있다.

　아니면 조용히 자리를 떠나라. 그 자리에 남아 있어서
크고 작은 소음에 노출되는 감정을 추스르기는 더욱 어려
우니 말이다.

공통점이 주는 힘
—

낯선 장소 낯선 사람들과 함께 있을 때, 상대방이 누구든
그와 대화를 나눌 때 공통점을 찾아내는 것은 매우 중요
한 일이다.

공통점은 상대의 마음을 여는 열쇠다.

자신과 공통점이 있다는 것만으로도 사람들은 친근감을 느끼고 긴장을 풀며 편안함을 느낀다.

인지과학에서는 인간의 사고유형을 크게 두 가지로 나눈다. 첫째는 '굳은 사고유형', 둘째는 '부드러운 사고유형'이다.

굳은 사고유형은 이성적이고 논리적인 분석을 말한다. 부드러운 사고유형은 감정적이고 유연한 사고이다. 공통점을 찾는 것은 감정적 사고인데, 사람은 감정이 앞서기 때문에 훨씬 좋은 효과를 낼 수 있다.

두 친구가 있다. 한 사람은 이성적이고 논리적이다. 무슨 일이든 열정을 가지고 도전하기를 두려워하지 않는 삶을 살고 있다. 다른 친구는 감성이 풍부하고 유연한 사고방식을 가지고 있으며 느긋하며 안정적인 삶을 살고 있다. 얼핏 보면 매우 다른 두 사람이지만 이들에게는 공통점이 있었다. 서로 다름을 인정하고 존중하는 마음의 크기가 비슷했다. 이 또한 공통점이다. 그렇기 때문에 진심으로 상대를 응원하고 지지하며 서로 상생한다. 서로 다른 듯하나 같은 마음인 두 사람은 상대의 영역을 침범하지 않으면서도 독특성을 인정하고 긍정하는 마음으로 누구보다도 친한 사이로 지내고 있다.

어떤 특별한 것, 나이가 같거나 비슷한 자녀를 두었거나 같은 직장을 다니거나 등 무수히 많은 공통점을 찾을 수 있다. 그러나 생각과 가치관의 공통점은 그 무엇보다도 훨씬 더 서로의 마음을 사로잡는 뜨거운 불씨가 된다.

품격 있는 사람

—

사람의 외적 이미지는 내면에 담아둔 감정을 표현하는 수단이다. 즉 자신의 생각이나 판단, 감정은 고스란히 외모로 나타난다.

그렇게 풍겨 나오는 이미지로 우리는 사람을 평가하고, 호감 같은 감정을 느끼게 된다. 사용하는 언어나, 말투, 말씨 등은 그 사람을 평가하는 데 외모만큼이나 중요하다.

오히려 외모에서 풍기는 이미지보다 말투나, 말씨, 말하는 태도 등에서 느껴지는 이미지가 평가에 더 크게 작용한다.

말투는 첫 이미지에서 느꼈던 좋은 느낌을 한순간에 빼앗기도 한다. 어떤 말투를 사용하는가에 따라서 상대를 내게로 끌어들이느냐 아니면 떨어뜨리느냐가 결정된다. 외모는 상대적으로 쉽게 바꿀 수 있지만 말투는 그리 쉽게 변하지 않는다. 얼마나 개선해야 하는지 스스로 파악하고 점검하지 않으면 좋아질 수 없다. 물론 꾸준한 연습을 통해 가능해질 수 있겠지만 빨리 개선하고 싶다면 한 가지 방법밖에는 없다.

생각을 바꾸는 것이다.

지금까지 함께 산 가족들을 바라보는 시선과 그들에게 품은 감정, 그것의 옳고 그름을 따지기 전에 먼저 나의 생각을 바꾸는 것이다.

사랑의 감정이다. 포용하는 마음이다. 이해하는 너그러움이다. 이것만 있어도 당신의 말투는 지금 바로 개선될 수 있다.

얼굴은 인위적으로 변할 수 있다. 그러나 얼굴을 자신이 원하는 얼굴로 변화시키려면 생각이 먼저 바뀌어야 한다. 생각은 말과 얼굴을 동시에 변화시킬 수 있는 강력한 힘을 가지고 있다. 아무리 험악한 사람이라도 사랑과 연민의 마음을 품고 있는 사람에게 거친 말이나 험한 말을 하지 못한다.

언젠가 한 영화에서 조직폭력배의 보스가 집에서 애지중지 키우던 관상어에게 말을 거는 장면이 나왔다. 거칠고 험악한 사람의 입에서 저렇게 부드럽고 자상한 말이 나올 수 있구나 하고 본 적이 있다.

이렇듯 선한 감정에서는 거친 말이 나오지 않는다.

내 아이들을 바라볼 때, 나의 배우자를 바라볼 때, 친구와 동료들을 바라볼 때 선한 마음을 품는 것이 얼마나 큰 복인지 새삼 느낀다. 그들을 사랑함은 곧 자기 자신에게 참된 평안을 선물하는 것이다. 즉, 자신을 사랑하는 방법 중 하나이다.

사랑하는 마음에는 불평하는 말도, 비난하는 말도, 의심하는 말도 담을 수 없다. 오직 다정한 말, 긍정의 말, 인정의 말, 위로의 말만 담을 수 있다.

지금 당신의 마음은 어떤 감정을 품고 있는가?

당당하게 말하라

—

삶은 우리에게 호락호락 원하는 것을 주지 않는다.

일이 술술 잘 풀리는 사람이 있다. 이런 사람들은 기운이 넘쳐 보인다. 그러나 아무리 열심히 살아도 뜻대로 안 풀리는 사람들도 있다. 이런 사람은 기운이 없어 보인다. 되는 일이 없으니 마치 죄인처럼 위축되어 기가 죽어 있다.

기운에서 '기'는 힘을, '운'은 움직임을 뜻한다. 즉, 움직이는 힘을 말한다.

일이 잘 풀리는 사람은 기운이 넘쳐 더 많은 활동을 하게 되고, 일이 잘 풀리지 않는 사람은 기운이 없어 활동하는 데 소극적이 된다. 그러다 보면 되는 사람은 더욱 잘되고 안 되는 사람은 점점 더 안 되는 결과에 도달하게 된다.

일이 잘 안 풀린다고 해서, 세상일이 뜻대로 안 된다고 해서 낙심만 하고 있을 수는 없다. 삶이 더욱 깊은 골짜기로 빠져들지 않도록 브레이크를 걸어야 한다. 그러니 아무리 어렵고 힘들더라도 기운 빠지는 말을 해서는 안 된다. 그럴수록 더욱 힘을 내고 "난 할 수 있다!"라고 크고 당당히 외쳐보자.

지금 비록 힘들지라도 어떤 자세로 살아가느냐에 따라 운은 달라질 수 있다.

매사에 "힘들어 죽겠어" 같은 말을 입에 달고 사는 사람은 결국 힘들게 살다 죽는다. 한 번 사는 세상, 힘들게 살다 죽으면 얼마나 억울한가. 내가 입에 달고 사는 말이 결국 내 인생을 만든다.

일이 잘 풀리지 않는다면 자신의 자질을 점검해 보자. 나는 지금 최선을 다해 열심히 살고 있는가? 나의 얼굴은 어떠한가?

〈마의 상법〉이라는 책에는 이런 말이 있다.

"아무리 관상이 좋아도 심상만은 못하다. 마음의 상이 변하면 관상도 변한다."

항상 밝고 긍정적인 삶을 살도록 노력하자. 나의 생각이 얼굴에 오르고 얼굴에 화색이 오르면 자신감이 생긴다. 자신감은 생활 패턴을 바꾸는 데 많은 도움이 된다. 좀 더 당당하게, 좀 더 자신 있게 삶을 대하는 태도가 곧 당신의 일을 잘 되게 끌어갈 수 있는 원동력이 되는 것이다. 가만히 있으면 그 무엇도 이루어지지 않는다.

5장 ― 대화하고 싶은 사람의 언어

○
속아도 첫인상

말없이 화사하게 웃고 있는 좋은 인상의 얼굴, 그러나 얼굴과 조화를 이루지 못하는 목소리나 말투, 억양. 이런 언밸런스 때문에 첫인상을 깎아먹는 경우가 종종 있다.

말에는 그 사람의 인품이나 성품, 인격이나 성격, 기질이나 성질 등이 담겨 있다.

아무리 겉모습이 아름답고 수려할지라도 언어의 사용이나 목소리의 톤 등이 정돈되어 있지 않다면 돼지 목에 진주 목걸이요 빛 좋은 개살구에 불과하다.

누군가를 처음 만났을 때 가장 먼저 감정을 건드리는 요소는 인상이다. 인상에 따라 친근감이 들기도 하고 거부감이 들기도 한다. 그러나 그 뒤를 따라오는 것이 있다. 그 사람의 행동이나 태도 그리고 가장 큰 영향을 미치는 말투이다.

　아무리 인상이 좋아도 목소리나 말투, 억양 등이 비호감이라면 첫인상에서 받은 기대치는 하향곡선을 그리고 만다. 그래서 첫인상에 속지 말라는 말이 나오는 것이다. 따라서 첫인상을 가꾸는 것 이상으로 말투나 말씨에도 많은 정성과 노력을 들여야 한다.

말에 앞서 이미지에 향기를 실으라

—

"사람이 꽃보다 아름답다"라는 노래가 있다. 이러한 사람에게는 세 가지의 격이 있다.

　그것은 성격, 인격, 품격으로 구분된다.

　성격은 유전적인 요인과 환경적인 요인의 영향을 고루 받아 고착되기 쉽다. 성향에 따라 받는 영향은 조금씩 다르지만 양가 부모 아니면 이전의 조상들에게서 물려받은 기본 틀은 바꿀 수 없다. 그러나 인격과 품격은 어떻게 살아가느냐에 따라 얼마든지 바꿀 수 있다.

　향기가 되어 백 리까지 퍼지는 향이 있고, 천 리 혹은 만 리까지도 퍼져 나가는 향이 있다. 좋은 성격을 백리향에 비한다면 인격은 천리향, 게다가 품격까지 갖췄다면 만리향에 비교할 수 있다. 이 셋을 모두 갖춘 사람은 언제 어디서나 많은 사람들에게 칭송 받고 만인에게 사랑받는 존재로 급부상할 수 있다.

이 격차에 따라서 다른 사람들에게 다양한 인상을 줄 수 있다. 보기 좋은 떡이 맛도 좋다는 말이 있듯이 보기 좋은 인상은 사람들에게 호감도를 높이고 좋은 이미지를 심어준다.

하루가 시작되는 동시에 우리는 많은 사람들과 마주치게 된다. 일생 동안 보통 몇 사람과 만나게 될까? 한 통계에 따르면 평균 17,000명 정도라고 한다. 수많은 사람들을 만나면서 만났던 시기와 연륜에 따라 나의 이미지는 각자 다르게 평가될 것이다. 또한 어떤 관계냐에 따라서도 나의 이미지는 다르게 평가될 것이다.

언제 어디서 만난 사람이든 모두에게 한결같은 이미지로 남는다는 것은 쉽지 않다. 처음으로 주입된 나의 이미지, 그것은 쉽게 바뀌지 않는다. 그렇기 때문에 그만큼 첫인상이 주는 힘이 중요하다고 말하는 것이다.

첫 만남에서 한 사람에 대한 평가는 겉으로 보이는 이미지에 기댈 수밖에 없다.

‘저 사람은 인상이 너무 무뚝뚝해 보여.’ ‘저 사람은 너무 까칠한 것 같아.’ ‘저 사람은 너무 미련해 보이는군.’

이렇게 첫 이미지로 벽을 쌓고 경계선을 허물기도 하며, 상처를 받기도 한다. 이것을 심리학에서는 초두효과라고 한다.

초두효과란 먼저 제시된 정보가 나중에 들어온 정보보다 전반적으로 더 강력한 영향을 미치는 것을 뜻한다. 첫이미지가 강력하게 자리 잡기 때문에 그 이후의 모습들은 크게 두각을 나타내지 못한다는 말로 표현할 수 있다.

첫인상이 그리 긍정적으로 비춰지지 않았다면 내면의 힘을 발휘해 따뜻한 인품과 훌륭한 성품이 드러나면서 초두효과는 빛을 잃게 되는데, 이후 발생하는 것이 ‘빈발효과’이다. 심리학에서 빈발효과란, 첫인상이 좋지 않게 형성되었을지라도 반복해서 제시되는 행동이나 태도가 첫인상과는 달리 진지하고 솔직하면 점차 좋은 인상으로 바뀌는 현상을 말하는데 보면 볼수록 인상을 좋게 보는 경우이다. 빈발효과를 일으키는 원동력은 행동과 태도 그리고 말의 힘이다.

최고의 인상 개선법

—

'3초의 법칙'이란 말이 있다.

심리학자 앨버트 메라비안 교수는 커뮤니케이션에서 체형, 표정, 옷차림, 태도, 제스처 등 외적 이미지가 55%, 목소리 등 청각적 이미지가 38%, 언어적 요소인 내용이 7%의 영향을 미친다고 말했다. 그만큼 외적으로 드러나는 이미지가 전체의 90% 이상을 차지할 만큼 중요하다는 의미이다.

얼굴은 성형으로 고칠 수 있지만 표정을 바꾸지 않는다면 원래의 얼굴로 돌아오는 데는 그리 오래 걸리지 않는다. 같은 표정을 짓는 근육들을 주로 사용하기 때문에 같은 위치, 같은 모양에 이전과 같은 모습들이 자리 잡게 된다.

얼굴과 이미지를 바꾸고 싶다면 내면의 상태부터 점검할 필요가 있다. 내면의 상태, 즉 사고와 가치관, 사랑과 감사하는 마음의 온도를 점검해 보자. 적절한 온도를 유지하고 있는지, 모든 일을 긍정적이고 바람직한 가치관으로 바라보는지가 중요하다. 근본적인 원인을 개선하지 않는다면 성형을 하더라도 그리 오래가지 않는다.

인상은 꼭 얼굴 생김새만 말하는 것은 아니다. 첫인상에서 각인되는 것은 얼굴뿐 아니라 자세, 태도, 말투와 행동 모두를 포함한다.

특히 사람관계에선 상대의 이름을 적극적으로 불러주는 것만으로도 좋은 인상을 심어준다. 동기간이라면 "아무개야"라고 하기보단 "아무개 씨" 혹은 "아무개 님"이라고 부르는 것이 좋다. 이는 자신이 존중받고 있다는 느낌을 주게 됨으로써 효과를 높일 수 있다.

미소는 기분을 좋게 한다

—

웃는 얼굴은 상대의 기분까지 좋게 만드는 신비한 묘약이다. 상대에게 다가갈 때 좀 더 여유 있는 마음으로 바라보라. 그러나 상황 파악이 중요하다. 웃어야 할 때 웃어야 한다는 뜻이다. 상대에게 기분 나쁜 일이 있을 때, 일례로 직장 상사에게 호되게 꾸지람을 들었는데 눈치 없이 웃어 보이면 당신은 그에게 상처를 주고 그의 반감을 살 것이다. 적절한 상황에서 분위기 전환이 필요하거나 당당하게 자신을 어필하는 순간 미소가 함께 한다면 더욱 매력적으로 보일 것이다.

상대가 말할 때 적절한 맞장구를 치면 더욱 효과적이다. 맞장구는 내 편이라는 생각을 갖게 한다. 나와 같은 생각을 하고 있는 당신이 상대에게는 큰 힘이 되어줄 것이며 말하는 내내 즐겁고 신이 날 것이다. 맞장구는 추임새와 같아서 말하는 사람과 듣는 사람이 적절히 조화를 이루면, 대화에 리듬이 생기고 운율이 맞아떨어지며 흥이 난다.

미소 띤 얼굴과 경청, 추임새는 사람의 기분을 좋게 만든다. 좋지 않았던 이미지마저 싹 바꿔줄 수 있는 강력한 무기이다. 다만 너무 과하지 않아야 한다. 과유불급, 지나침은 모자람만 못하다. 과한 반응은 오히려 역효과를 불러일으킬 수 있으므로 절제도 필요하다.

향기를 풍기라

—

글은 틀리거나 잘못되면 고칠 수 있지만 한 번 입 밖으로 내놓은 말은 주워 담을 수 없다.

누구나 자신만의 향기가 있다. 외모가 아무리 화려하고

출중할지라도 향기 없는 사람은 이성과의 관계는 물론 타인과의 관계를 지속하기가 쉽지 않다. 좋은 향기는 꼭 이성이 아니더라도 사람들의 기분을 산뜻하게 만들어준다.

사람의 내면에서 나오는 향기도 중요하지만, 인위적으로 만들어낸 향기도 중요하다. 너무 과한 향기는 피하고 자신에게 맞는 어울리는 향수를 소량씩 사용하는 것은 주변을 환기시키는 역할은 물론 자신의 이미지를 업 시키는 데도 좋은 효과가 있다.

길이나 복도에서 스치듯이 지나친 사람에게서 좋은 향기가 풍길 때 한번쯤 뒤돌아 본 경험이 있을 것이다. 외적인 이미지가 어떻든 기분 좋은 향기는 그 사람에 대한 느낌마저 긍정적으로 남게 만든다.

말에도 향기가 필요하다.

대화 중에 간간히 말하는 기회를 잡되 간략하고 짧게 하며 약간의 여운을 남긴다. 아무도 관심 없는 이야기를 너무 오랫동안 하지 않는다. 중간에 말을 끊는 것도 매너가 아니다. 자기소개는 최소한 5분을 넘기지 말아야 한다. 칭찬할 기회가 되면 놓치지 말라. 칭찬만큼 명품 언어는 없다. 아무리 까칠한 사람이라도 자신을 칭찬하는 말을 싫어할 리 없다.

매너는 기본이다. 그러나 원치 않는 자리를 참석해야 하거나 상황에 어울릴 기분이 아니라면 옆 사람에게 조용히 양해를 구하고 살짝 자리를 빠져 나와도 된다. 당신의 다운된 분위기가 전체 분위기를 망칠 수 있으므로 오히려 함께하지 않는 편이 낫다.

옷은 단정하고 깔끔하게 입되 같은 옷을 이틀 연속 입지 말라. 아무리 겨울일지라도 셔츠를 이틀 연속 입는다면 깔끔하지 못한 인상을 남기게 되어 그동안 쌓아놓은 이미지에 흠집을 남길 수 있다.

모든 습관은 반복적인 현상에 의해 고착된다. 좋은 습관은 자신에게도 타인에게도 좋은 영향을 미친다.

메아리 효과

—

우리가 사용하는 신체언어는 아주 다양하다. 침묵의 언어부터 몸짓언어, 표정언어, 눈빛 언어 등이 있는데 이러한 것들은 우리 내면의 상태를 적나라하게 드러낸다. 자신도 모르게 순간적으로 반응하는 감각들이 우리의 생각과 지각을 뛰어넘어 신체의 각 부분으로 즉각 반응하는 것이다. 말하지 않아도 주위 사람들은 쉽게 눈치 챌 것이다. 외적으로 의도적으로 보여주는 이미지와는 달리 이런 내적 이미지는 감출 수 없다.

　말투는 가정에서부터 고착화된다. 무의식적으로 튀어나오는 말투나 버릇을 보면 그 사람의 부모나 다른 가족들이 평소 어떤 분위기에서 어떤 말투를 사용하는지 짐작할 수 있다. 가정에서 좋은 기운을 받아 긍정적인 에너지가 작용하면 직장이나 사회 어디서든 그 에너지는 다른 이들에게 전파된다. 우리는 평균 하루 5만 마디 이상의 말을 하면서 살아가는데 나는 주로 어떤 말과 말투를 사용하는지 돌아볼 필요가 있겠다.

말은 훈련만으로 교정이 가능하다. 물론 내면의 상태가 우선이지만 생각처럼 되지 않는 것이 마음이다. 말에는 메아리의 효과가 있다. 말은 개인의 운명뿐만 아니라 직장, 가정 등에 직접적인 영향을 미친다. 평소 나의 언어습관에 관심을 갖고 외적 이미지와 어울리도록 말을 가꾸는 일에 심혈을 기울이길 바란다.

○
고정관념을 박탈하라

굳어진 관념
—

거리나 지하철 등 사람들이 많은 곳을 지날 때마다 느껴지
는 것 하나. 혼자인 사람들의 얼굴을 보면 대부분 표정이
굳어 있다. 어쩌면 그것이 바로 그 사람의 본 모습일지도
모르겠다.

혼자여도 표정이 살아 움직이는 사람들이 있다. 그들의
눈에는 생기가 흐르고 입가엔 희망이 넘친다. 눈에는 사
랑이 담겨 있고 입가에는 행복이 걸려 있다는 말이다.

표정이 굳어 있는 사람들은 누군가가 다가와 말을 걸거
나 하면 먼저 그 사람을 경계하는 눈빛을 보이며 몸은 경
직되고 시선은 위 아래로 흩어진다. 길을 물으려 해도 그
들의 경계하는 행동으로 인해 다가가기 어려운 것이 그

때문이다.

낯선 사람에 대한 경계는 어쩌면 당연한 것인지도 모르겠다. 자신의 신변을 지키기 위한 본능적인 행동이므로 불쾌해 하거나 상처 받을 일은 아니다. 어떻게 다가가고 어떻게 말을 붙여야 하는가에 따라서 사람들은 경계심을 풀 것이고 당신이 원하는 일을 쉽게 해결할 수 있도록 도울 것이므로 우리의 노력은 이렇듯 사소한 일에서부터 시작되어야 한다.

얼굴 근육 사용설명서
―

어린 시절부터 익혀온 얼굴 근육을 하루아침에 바꾸기란 쉽지 않다. 그러나 생각을 바꾸고 말을 바꾸는 것만으로도 표정을 바꿀 수 있다. 사랑하는 마음을 품고 사랑이란 감정을 표현하면서 화가 난 표정을 지어내는 사람은 없지 않을까. 사랑스런 표정을 얼굴에 담고 말을 하게 되면 표정은 부드러워지고 상냥해진다. 그런 마음을 가슴에 늘 품고 산다면 혼자 있어도 웃음이 난다. 긍정적인 마음과 삶의 태도는 말하기에 앞서 드러나게 되어 있다.

평소 비난을 일삼는 사람들은 대부분 얼굴이 틀어져 있다. 이들은 눈을 잘 흘기고 자주 입을 삐죽댄다. 이처럼 자주 사용하는 근육은 하나의 모양을 만들어 낸다. 그래서 가만히 있어도 입꼬리가 내려갔거나 비뚤어져 있는 것이다. 또한 평소 말이 많은 특징을 보인다.

걱정과 의심이 많은 사람들은 입꼬리가 야무지나 눈썹이 짝짝이고 말할 때 눈살을 찌푸려 눈두덩에 주름이 많고 말끝을 늘인다. 남의 말을 쉽게 믿지 않으므로 경계심이 강하고 생각이나 말을 할 때 한쪽 입 꼬리를 자주 올린다. 평소 말이 많지는 않으나 지나치게 신중하여 발전이 더디고 주변에 가깝게 지내는 사람이 있어도 신뢰 관계를 형성하지 못한다.

도전적인 사람들은 눈썹 근육에 힘을 많이 주기 때문에 눈썹이 위로 치켜 올라가 있는 경우가 많다. 눈의 근육도 많이 확장되어 평소에도 힘이 들어 있고, 목소리 또한 우렁차 목 근육도 발달되었다. 추진력이 강하므로 대체적으로 나이에 비해 젊고 힘이 넘쳐 온몸의 근육이 발달되어 있다. 확언을 일삼고 소리가 크며 말이 강하여 주도권을 잡으려 하고 말투가 거친 경향이 있다. 이들의 단점은 성급함이다. 성급함으로 인해 상대에게 상처를 주기도 하고 확언한 말에 책임을 못질 때에는 끝을 마무리하지 못하는 허점을 보이기도 한다.

유난히도 원칙을 강요하고 준수하는 사람들은 얼굴 표정이 굳어져 있다. 웃음이 별로 없고 예리하며 깐깐하고 고집스럽다. 말투도 부드럽지 못하고 맘에 없는 소리를 하는 것을 싫어하여 꼭 필요한 말만 하는 융통성 없는 사람들이다. 정직을 삶의 원칙으로 삼고 있기 때문에 가식적인 말을 하지 못한다. 주변 사람들과도 쉽게 어울리지 않고 상냥한 말투나 어조를 사용할 줄 모른다.

이렇듯 사람에 따라 이미지는 각양각색으로 나타난다. 말투나 말씨 또한 사람에 따라 많은 차이를 보인다. 사실은 그 사람이 의도적으로 거친 말투나 까칠한 태도를 보이는 것은 아니다. 형성된 습관이 얼굴 근육을 만들고 표정을 만들어서 겉으로 보이는 것이므로 상대적으로 사람들에게 오해를 불러일으키거나 다른 감정을 주게 된다.

그렇다면 나는 어떤 얼굴을 하고 있을까.

거울을 들여다보자. 내 얼굴이 말을 만든다. 웃음을 지으면 마음의 생각이 달라진다. 생각이 바뀌면 좋은 표정을 만들어 내고 좋은 표정은 좋은 말을 생산하게 된다.

이렇듯 삶의 태도와 입에서 나오는 말은 서로 많은 영향을 미치게 되는 것이다.

잘 익은 벼가 고개를 숙인다
—

지위를 막론하고 성품이 온화하고 제대로 된 인품을 갖춘 사람들은 말부터가 다르다.

그들은 아무리 차이가 나는 환경과 직업군에 속한 사람일지라도 인격을 존중할 줄 알고 하찮게 하대하지 않는다. 말이 유하고 겸손하며 자신의 직위나 위엄을 드러내지 않는다.

메난드로스는 "그 사람의 인격은 그가 나누는 대화를 통해 알 수 있다"고 말했다.

세상에 우리가 홀대해도 괜찮은 사람은 없다. 누구나 소중한 생명을 가지고 태어났고 그 독창성을 추구하고 인정받을 권리가 있다. 이러한 귀함이 직위나 명예만으로 차별화될 수는 없다. 물론 윗사람에 대한 예우는 지성인의 기본 덕목이다. 그들은 특별하지 않는 한 서로가 존중할 줄 알고 아랫사람은 윗사람을 존경할 줄 알며 윗사람은 아랫사람의 인격을 존중함은 물론 그들을 보호하고 배려할 줄 안다.

세상에는 소중하지 않은 사람이 없다. 저마다 삶의 질이 조금씩 차이가 나고 환경이 다를 뿐이다. 자기를 보호하지 않고 방치하는 사람은 없다. 부귀와 영화, 권력을 가졌다 해서 가난하고 힘겹게 살아가는 사람들을 함부로 대하는 것은 있을 수 없는 일이다. 그들의 삶을 비난하거나 마음대로 조종하는 말을 해서도 안 된다. 그들도 어느 누구 못지않게 소중한 자신의 삶이 있고 무엇보다도 소중한 인격체를 보호받고 인정받을 권리가 있다.

겉옷이 화려하다고 속마저 화려한 건 아니다. 남루한 옷을 걸쳤더라도 그 속까지 남루한 건 아니다. 화려한 삶을 살아간다고 자랑하지 말고 삶이 어렵다고 부끄러워하지 말자. 우주는 변화한다. 우리의 인생과 그 삶도 변화한다. 오늘의 하늘과 내일의 하늘이 다르듯, 현재에 머물지 않고 앞으로 꾸준히 나아간다면 우리의 삶이 어떻게 달라질지는 아무도 모른다. 당신이 최선을 다해 살아간다면 결과가 어떠하든 우리는 주어진 삶에 당당할 권리가 있다.

인생의 나침판

—

아무 때나 큰 소리로 함부로 말하거나 반말을 일삼는 사람들이 있다. 이런 행동은 자신의 품위에 흠집을 남긴다. 어린아이일지라도 표정이나 행동, 말투만 보아도 그 사람을 평가할 수 있다. 사람들은 자신의 부정한 행위가 어떻게 평가를 받고 있는지에 민감한 반면 자신의 잘못된 삶의 태도는 쉽게 인정하려 하지 않는다.

〈페이스 리딩〉의 저자 김서현은 "얼굴은 인생의 나침판이다. 얼굴로 나의 과거를 알 수 있다"고 말한다. 〈흥하는 말씨, 망하는 말투〉의 저자 이상헌은 "우리가 사용하는 말과 표정은 상황을 행복하게도 하고 불행하게도 만드는 강한 힘을 지니고 있다"고 말했다.

좋은 얼굴에서는 좋은 말이 나오기 마련이다.

자녀를 양육하는 부모는 특히 아이 앞에서 삶의 태도나 표정 그리고 가장 중요한 말을 삼가야 한다. 자신의 탁한 감정을 고스란히 얼굴에 싣고 뱉어내는 험한 말들이 자라나는 아이의 자존감에 커다란 손상을 입히고 그 아이가 어른이 되기까지 보고 배운 표정, 말투와 말씨가 성격 형성은 물론 사회에 나가서 맺는 대인 관계에서까지 영향을 미친다. 성적이 좋지 않다 해서 조롱하는 말을 한다거나, 인격을 송두리째 무시하는 비난의 말은 아이의 자존감에 엄청난 상처를 입힌다. 특히 수치심을 불러일으킬 수 있으며 그럴 때 바라보는 부모의 말투나 표정 등은 아이의 뇌에 각인되어 자기화 되어 버린다.

부모는 자녀의 성적에만 열의를 보일 것이 아니라 평소 사랑과 애정을 보여주어야 한다. 아이를 인격체로 존중하고 긍정적인 언어를 사용함으로써 아이들이 좋은 인격을 형성해 나갈 수 있도록 심혈을 기울여야 한다. 이것이 진정 아이를 제대로 성장하도록 돕는 부모의 역할임을 명심하라.

외적인 이미지도 중요하지만 그것을 만들어 내는 것은 내적인 이미지라는 사실을 기억하고 무엇 하나 소홀함이 없어야 한다.

좋은 생각이 좋은 표정, 좋은 말투를 만들고 말이 인생을 변화시킨다. 말은 곧 무기가 될 수도 있고 복의 그릇이 될 수도 있다.

말을 할 때는 한 번 더 생각하자. 흥분할수록, 화가 날

수록, 호흡을 깊게 하고 길게 내뱉으면서 한 템포만 쉬어
보자. 인내하는 당신의 모습은 상대에게 자신의 경솔함을
깨우치게 해주는 좋은 치료약이 될 것이다.

○
말하는 사람과 듣는 사람

말하는 사람이 있으면 듣는 사람이 있다. 아무리 고귀한 언어로 유창하게 연설할지라도 듣는 사람이 이해하지 못하거나 듣기 싫어한다면 그 말이 무슨 소용이 있겠는가. 내가 가진 지식이 아무리 많더라도 그 지식에 아무런 관심조차 없는 사람이라면 그 귀에 들릴 리는 만무하다. 영어를 유창하게 구사한다 한들 상대가 영어를 전혀 알아듣지 못한다면 답답하고 속 터지는 일이다. 상대의 교육수준과 문화수준에 맞는 대화법을 제대로 익히고 배우는 것도 지성인들이 갖춰야 할 필수 덕목이다.

듣고 싶은 말

—

일을 하면서 강사라는 직업이 쉽지 않다는 것을 수없이
느낀다. 강사들은 하나라도 놓칠세라 더 많은 이야기들을
나눠주고 싶어 여러 날을 밤을 새워가며 자료를 수집하고
내용을 정리하며 강의안을 만든다. 그러나 정작 강의 내
용을 다 기억하는 사람은 드물다. 저마다 기억하는 내용
은 극히 일부이거나 각각 다르다.

사람마다 각자 관심사가 다르다. 자신과 전혀 무관하다
생각하거나 실현 불가능하다는 판단을 내리면 강의 내용
에 집중하지 않는다. 각자가 생각하는 바가 다르고 해석
하는 바가 다르기 때문에 강사가 열심히 준비한 내용이더
라도 그들에겐 아무 쓸모없는 무용지물이다. 많은 경험
덕에 지금은 감정의 요동을 일으키진 않지만 처음 얼마간
은 엄청난 혼돈과 자존감에 많은 영향을 미쳤다.

강사를 준비하는 사람들은 이 점을 특히 유념해야 한
다. 사람들은 듣고 싶은 것만을 들으려 한다. 따라서 강의
요청을 받았다면 먼저 듣는 사람들의 특성을 파악한 후
강의를 준비해야 한다. 청중들의 직업이나, 성별, 나이,
교육수준 등 그들에게 걸맞은 수준의 강의안을 만들어야

하기 때문에 제일 먼저 신경 써야 할 부분이다.

강의는 입으로 전하는 자와 귀로 듣는 자의 관계이므로 쌍방이 아닌 일방적인 소통인 경우가 많다. 따라서 수준의 정도가 맞지 않는다면 강사가 아무리 열렬히 많은 지식들을 쏟아낸다 해도 소용이 없다. 오히려 무슨 말인지 알아들을 수 없거나 도대체 이해할 수 없다는 비난을 받기도 한다. 듣는 사람의 이해의 척도가 어느 정도인지도 중요하다. 초등학생을 상대로 철학을 논할 수는 없는 노릇이다.

이처럼 듣는 사람이 누구냐에 따라서 소통에는 한계가 정해진다. 상대방의 상황을 바로 알고 내용을 설정하거나 그들이 듣고 싶어 하는 말이 무엇인지를 먼저 알고 다가서는 것이 현명한 접근법이다.

비언어적 커뮤니케이션

—

입으로 나오는 소리만 말이 아니다. 손짓, 몸짓, 표정, 태도 등을 '비언어적 커뮤니케이션'이라고 한다. 우리는 표정이나 태도를 보고 그 사람의 감정을 알아차릴 수 있다.

손짓이나 몸짓을 보고 그 사람이 무슨 말을 하고 싶은지 어림짐작이 가능하다.

아이들은 무엇을 선택해야 할 상황이 생기면 먼저 부모의 얼굴을 바라보는 경향이 있다. 자신의 선택이 부모의 마음에 들지 안 들지 살피는 것이다. 부모의 표정이나 몸짓에 따라 자신의 선택을 결정하는 부적합한 방법이지만 여기서는 비언어적인 커뮤니케이션을 다루는 내용이기에 부득이 예로 들었다.

공감을 끌어내는 방법으로도 비언어적인 커뮤니케이션은 많이 활용된다. 사람들은 마치 함께 가지 않으면 도태될지도 모른다는 비합리적 신념으로 결국은 공감에 합류하기도 한다.

그 밖에도 비언어적 커뮤니케이션을 사용하는 경우가 많은데, 칭찬을 하거나 긍정적인 반응을 보일 때도, 화가 났다거나 불만이 가득할 때도, 군이 말을 하진 않지만 표정이나 태도만으로도 자신의 상태를 충분히 보여줄 수 있다. 애써 외면하거나 무시하지 않는 이상 누구나 그 감정들을 알아채고 쉽게 이해할 수 있다.

언어로 전하는 메시지는 전체 중 고작 7%밖에 안 된다고 하니 우리 삶에서 소통하는 방식이 비언어가 대부분이라고 볼 수 있다.

언젠가 내게 상담을 요청한 한 젊은 여성은, 결혼한 지 일
년도 되지 않았는데 남편의 행동이 너무 참기 어렵다고
호소했다. 얼마 전 부부 동창 모임이 있었는데 오랜만에
만난 친구들이 반가워 허심탄회하게 그들과 시간을 보내
고 친구 남편들과도 술잔을 부딪치며 신나는 밤을 보냈다
고 한다. 그날 이후부터 남편은 냉랭한 모습을 보였고 집
안에서도 마주 앉아 대화하는 것조차 피한다고 했다. 그
녀는 자신이 무엇을 잘못했는지 아무리 생각해도 알 수
없었다.

추적 결과 여성은 평소 술을 즐기지도 않았고 정숙하며
교양미가 흐르는 이미지를 소유하고 있었다. 여린 체구에
체력도 약해 가사도 늘 남편의 도움을 받고 있었다. 남편
은 단아하고 우아한 그녀의 모습에 호감을 느꼈고 보호본
능과 사랑의 감정을 느끼며 결혼까지 했는데 동창들과 유
쾌하게 밤을 새우며 술잔을 거침없이 받아 마시는 아내에
게 충격을 받은 것이다. 아내의 두 얼굴에 남편은 혼란스
러워졌다. 한번 비뚤어진 마음은 걷잡을 수 없었고 그 마
음을 제대로 표현할 길도 없어서 되도록 아무렇지 않은

듯 애써왔지만 표정과 태도는 차마 감정을 숨기지 못했고 그대로 나타난 것이다.

여성은 남편의 마음을 알아채지 못했다. 남편은 비언어로 꾸준하게 이야기하고 있었는데 아내는 현상에만 몰두하느라 남편의 소리에 귀 기울이지 않았던 것이다.

상대의 감정을 살필 줄 아는 지혜

—

언젠가 비호감 1위에 등극한 연예인이 있었다. 거침없는 말과 독설을 서슴지 않았던 그는 TV 프로그램에서 상대의 입장이나 감정을 무시한 채 생각 없이 말을 내뱉었다. 동료 연예인 몇몇을 지적하며 "밉상이다, 독하다, 무섭게 생겼다"는 등의 독설을 쏟아냈다. 듣는 사람의 감정을 철저히 무시한 나머지, 자신이 시청자들에게 무례하고 경솔한 사람이라는 평가를 받기에 이르렀다. 본인은 어떤 사심도 없이 자기 생각을 솔직히 말한 것뿐이라고 주장했지만 이미 내뱉은 말은 주워 담을 수 없었다. 다행히 지금은 과거의 모습을 버리고 좋은 이미지를 쌓아가고 있는 듯하다.

나의 생각은 나의 생각일 뿐 그것을 정답이라고 단정 지을 수 없다. 마치 자신의 판단만 옳은 양 상대를 비난하며 평가하는 말을 해서는 안 될 것이다. 그런 평가를 받은 사람이 설령 괜찮다 하더라도 그것은 관계에서 불편함을 피하기 위함이지 그의 감정이 괜찮은 건 아니다.

말하기에 성급한 사람들은 앞뒤 상황을 살피는 데 둔감하다. 하고 싶은 말이면 참지 못하고 일단 내뱉고 그것을 솔직함이라고 합리화한다. 때로는 성급함이 필요한 경우도 있지만 일반 관계 속에서 성급함은 다른 사람의 감정에 눈멀게 하고, 나의 감정만을 앞세우는 오류를 범하게 한다. 상대를 비난하는 데 성급한 사람들은 자신의 열등함을 보상하기 위한 방법 중 하나로 상대를 깎아내린다. 그럼으로써 스스로 만족하는 것이다. 진정으로 자신을 사랑하는 사람들은 상대의 감정까지도 존중할 줄 안다.

○

소통 속으로 GO!

관계의 갈등은 소통의 장벽에서 비롯된다. 말이 통하지 않는 데서부터 불화가 시작된다.

말이 너무 많은 것도 문제고 말이 너무 없는 것도 문제이다. 말을 전하는 사람과 듣는 사람의 생각이나 해석의 차이도 문제가 될 수 있다.

역설적이게도 말이란 것은 사람의 감정을 넘나들기 때문에, 그로 인해 기분이 좋아질 수도 있고 나빠질 수도 있다. 사람이 살아가면서 어쩌면 가장 필요한 것을 꼽으라면 의, 식, 주 그리고 말일 것이다.

아니, 어쩌면 가장 중요한 것 중 첫 번째일지도 모르겠다. 성경을 보면 태초에 하나님은 세상과 인간을 창조하기 위해 말을 사용하셨다. 사람들은 하나님의 말씀에 순종하도록 지음 받았다. 곧 말이 항상 우위에 있다는 것을 알 수 있다.

소통의 벽

—

살아가는 데 소통만큼 중요한 문제가 있을까. 국가적으로는 대통령과 국민들 간 소통이 이루어져야 하고, 한 집안에서는 부모와 자녀 간의 소통이 원활하게 이루어져야 한다. 직장 내에서는 사장과 임원들이 통해야 하며 임원과 직원들의 소통이 이뤄져야 한다. 학교, 교회, 조직, 팀원 등 서로 간의 소통은 사람과 사람을 연결하는 오작교 역할을 한다.

소통의 부재는 너와 나 사이에 서로 오갈 수 없는 거대한 장벽이 놓여 있는 상태와 같다. 그 관계가 깨지지 않을수 없다. 만약 이익집단이라면 망하는 것은 시간문제다.

소통의 부재뿐만 아니라 통하지 않는 것도 큰 장벽이다. 서로 통하지 않는 사람들이 함께하기란 여간 어려운 일이 아니다. 결국 배가 산으로 간다. 서로의 갈등을 일으키는 것은 물론 일체감 또한 파괴되기 때문에 무엇 하나 이룰 수 없는 지경으로 치닫는다.

소통에 문제가 발생하는 이유는 서로의 다름에서부터 시작된다. 서로 생각이 다르고 판단이 다르고 지각이 다르기 때문이다. 서로의 삶이 다르고 생활 방식이 다르며 여러 가지 문화생활과 연령대, 경험과 위치 등이 모두 다르기 때문이다. 누가 옳고 그른가를 따지기엔 너나 할 것 없이 높은 학력과 지식의 정도가 그 척도를 견줄 수 없다. 이러다 보니 결국 아랫사람이 윗사람의 뜻에 마지못해 따르게 된다거나 자신의 생각과는 전혀 다른 선택을 하게 된다.

이러한 상황을 미연에 방지하려면 자기 생각만 고집하지 말고 자신의 것을 잠시 내려놓고 서로의 의견에 관심을 가지고 귀 기울여 경청해야 한다.

〈삼국지〉에는 '삼고초려'의 장면이 나온다. 인재를 등용하기 위해 유비가 와룡강에 은둔하여 살아가는 제갈공명을 세 번이나 찾아갔다. 그토록 정성을 다하자 공명의 마음이 흔들렸고 결국 뜻을 돌이켜 유비에게 향했다. 이 부분은 삼국지 명장면 중에서도 백미로 꼽힌다. 패거리 집단이었던 유비가 드디어 나라를 세울 만한 초석을 다지는 첫걸음이기 때문이다.

상하관계를 막론하고 대단치 않은 사람일지라도 그를

존중하고 그의 식견을 높이 사는 지혜를 몸에 익혀야 한다. 사람들은 자기보다 아래에 있거나 못해 보이는 사람이 의견을 제시하는 일을 못마땅하게 여긴다. '제까짓게 뭔데' 하는 마음이 앞선다. 이 또한 열등감이 아니고 무엇인가. 내가 미처 생각하지 못한 빈틈이 있을 수 있다. 그것을 정확히 알고 지적해 주는 사람은 나의 빈 공간을 메워주는 고마운 존재다. 그에 감사하지 못할망정 못마땅해하는 것은 하찮은 위신만 앞세우고 상황은 돌보려 하지 않는 무모한 자만심에 불과하다.

진정한 지성인이라면 상대와 장소를 구분하지 않고 배우고자 하는 자세를 견지해야 한다.

말의 함정

하고 싶은 말을 어찌 다하며 살아갈 수 있을까. 듣고 싶은 말 역시 다 듣고 살 수 없다. 대부분의 사람들은 말을 가슴에 담고 살아간다. 하고 싶지만 미처 못한 말들이 가슴에 차고도 넘친다. 그런 말들은 대부분 상대가 들어서 기분 나쁜 내용일 수 있다. 아무리 가까운 사람이라도 해도 될 말이 있고 해서는 안 될 말이 있다.

해서는 안 될 말을 아끼지 않고 풍성하게 쓰다 보면, 잠시 가슴은 후련해질지언정 관계는 결국 답답한 지경에 이르고 만다. 가족 간의 갈등이 생기고 형제의 우애가 흔들리고 친구 관계가 산산조각 난다.

가슴에 담아둔 말을 조심하라. 담아두지 말고 보이지 않는 곳까지 멀리 던져버리라. 가까이 두면 그 말은 언젠가는 되살아나 비수가 되어 가족을 혹은 친구를, 동료를 베어 씻을 수 없는 상처를 남길 수도 있다.

가슴에 담아둔 말은 보통 이렇게 시작한다.

"솔직히 말하는 건데……."

"이제야 하는 말인데……."

"많이 참았어. 더 참다가는 병 날 것 같아서."

"솔직히 말하면"이 화근이다. 기분 나쁠까봐 하지 못한 말이라면 지금도 하지 말아야 한다. 그때 충격 받을 말이라면 지금도 충격 받는다. 그때 그렇게 생각했다면 그것으로 잊어버려야 한다. 잊지 못할 이야기라면 그때 했어야 한다. 왜 지금껏 가슴에 담아놓고 있었는가. 뒤늦게 알게 된 사람의 감정은 헤아리지 않았는가. 잊어버리라. 그때 못한 말이라면 지금도 그래야 한다. 무심코 생각난 듯이 던지는 말 한마디엔 독이 있다. 무심코 꺼낸 말이라고 포장하지 말라. 그것은 의도된 함정이다.

최고의 말은 경청이다
—

말의 수를 어떻게 헤아릴 수 있을까?

〈일단은 첫인상〉의 저자 김경호는 이렇게 말한다. "말하는 속도는 1분에 250~300자 정도이다. 듣는 속도는 1분에 1000~1500자 정도다. 듣는 속도가 말하는 속도보다 4~5배 높다."

다른 사람의 말을 잘 들을 줄 아는 사람은 그렇지 않은 사람보다 더 많은 정보를 얻을 수 있게 된다. 상대를 더 깊이 이해할 수 있으며, 더 많은 것을 공유하고 자신의 것으로 만들어 월등하게 앞서갈 수 있다. 말로 얻은 정보는 곧 무기가 되고 적절한 때 적절한 방법으로 사용하는 데 유리하게 작용한다.

그렇기 때문에 먼저 잘 들어야 잘 말할 수 있다. 말을 잘하는 최고의 방법은 아이러니하게도 잘 듣는 것이다.

옛말에 '이청득심'이라는 말이 있다. 귀를 기울이면 사람의 마음을 얻을 수 있다는 뜻이다. 우리는 어디에서든 사람들과 관계를 이어나간다. 그 관계가 원만하게 이어지는 경우는 대부분이 말과 뜻이 비슷한 사람들일 것이다.

가족도 그렇다. 나는 어머니보다 아버지와 더 친밀한 관계를 유지했다. 아버지는 늘 내 말에 귀를 기울이셨고 나의 감정까지도 이해하며 나를 격려하고 응원해 주셨다. 반면 어머니는 늘 나와 반대셨다. 내가 원하는 것이나 하고 싶은 일에 부정적일 때가 많았고, 도전하고 추진하려는 나의 의욕을 꺾기 일쑤였다. 그런 어머니가 난 늘 못마땅했고 어머니 역시 나의 모든 것을 못마땅해 하셨다.

지금도 어머니와는 큰 의견의 차이를 보인다. 반면 다른 형제들은 아버지보다 어머니와 더 좋은 관계를 유지하고 있다. 서로 통하기 때문이다. 서로 통하지 않는다고 상대가 잘못된 것은 아니다. 그것을 인정하지 않으므로 갈등이 빚어지고 관계가 나빠진다. 상대의 생각이나 가치관의 다름을 조금만 더 이해하고 존중해야만 모든 관계를 유연하게 유지할 수 있다.

○
리액션은 기본이다

한국인의 대화에서 가장 소극적인 경청 중 하나는 리액션의 부족이다. 리액션은 곧 공감능력이다. 공감이 되면 자연스레 고개를 위아래로 끄덕이게 된다. '음', '아' 라는 외마디 단어도 리액션의 하나이다. 그 정도는 누구나 할 수 있을 것이라 생각하지만 의외로 그마저도 아끼는 사람들이 많다.

　방송인 신동엽의 진행 방식은 조금 남다르다. 그는 게스트들과 이야기를 나눌 때 한 번 말하고 두 번을 듣는다. 그리고 세 번째에는 리액션을 넣어가며 맞장구를 친다. 그처럼 자기만의 방식으로 진행하는 프로들이 매번 장수하는 것도 남다른 진행 기법 때문이 아닐까 생각한다.

공감능력

—

많은 경험을 가진 사람이 공감능력도 뛰어날 것이라고 생각하기 쉽다. 그러나 내가 경험한 바로는 오히려 그런 사람일수록 공감능력이 떨어진다. 큰일을 자주 겪은 사람들은 의외로 다른 사람의 일은 대수롭지 않게 여긴다. 자신의 경험에 비추어 보았을 때 다른 사람들의 이야기는 너무 사소한 것이다. 공감능력이 떨어진다기보다는 그들에겐 그리 큰 문제가 아니기 때문에 아주 단순하고 평범한 일상사에 불과한 것이다.

오히려 사소한 경험이나 일상적인 경험을 통해 얻어진 소소한 감정에 사람들은 공감한다. 살다보면 누구나 겪을 수 있는 일이기 때문이다. 그래서 고만고만한 사람들이 친구가 되고 이웃이 된다. 즉 끼리끼리 어울린다는 말이다. 서로 공감대를 형성하는 것은 대인 관계에서 가장 우선되는 필수 항목 중 하나이다. 공감대가 형성되려면 말하는 사람의 의도는 물론 이미 아는 일이더라도 주의 깊게 들어주고 리액션까지 해줘야만 상대방이 나를 신뢰하고 신이 나서 이야기를 하게 된다.

경청에 리액션이 빠지면 말하는 사람조차도 무료함에

빠진다. 자신의 이야기를 제대로 들었는지 의문을 품게 된다. 속 시원히 이야기할 수 있는 상대가 맞는지 경계심을 드러내기도 한다.

리액션이란 상대의 말에 박자를 맞춰주고 추임새를 넣어가며 손짓과 표정, 감정까지 함께 표현하는 것을 말한다. 그런 과정이 있은 후에야 상대방은 들어준 사람에게 경계심을 풀고 한 발짝 앞으로 나와 마음의 문을 열게 된다.

십여 년 전 〈다모〉라는 유명한 사극이 있었다.

"아프냐, 나도 아프다."

극중 남자 주인공이 여자 주인공을 치료해 주며 한 이 대사는 유행어가 될 정도로 시청자들의 공감을 얻었다.

이것이 바로 공감이다. 말이 살아 전달되었다는 안도감을 느끼면 마음이 편해진다. 아무리 목석 같은 사람일지라도 자신의 말에 동조하지 않는 사람을 좋아할 리 없다.

칭찬에 인색하지 말라

—

칭찬도 들어 본 사람이 자연스럽다.

평소 칭찬에 인색한 사람은 칭찬을 듣는 것도 불편해한

다. 그러나 대부분의 사람들은 칭찬을 좋아한다. 칭찬은 아무리 들어도 질리지 않는다. 칭찬을 받으면 어깨가 으쓱해지며 동기부여가 되고 자신감이 생기며, 해냈다는 성취감과 더불어 자존감이 향상된다.

하지만 칭찬도 눈치껏 해야 한다.

사람의 성향마다 칭찬의 내용이 달라져야 한다. 완벽을 추구하는 사람에게 "그만하면 아주 잘했어"는 좋은 칭찬이 아니다. 성향에 따른 효과적인 칭찬은 다음과 같다.

완벽추구형

와, 어쩜 이렇게 빈틈이 없죠?

역시 정확하시네요!

법 없이도 살 사람이에요!

누구에게나 공평하시군요!

언제나 한결 같으시네요!

수호천사형

**님이 없었으면 큰일 날 뻔했어요!

역시 당신은 어디에서든 도움이 되는 분이군요!

당신 덕분에 마음이 편해졌어요!

당신 덕분에 일이 잘 되었어요.

성공추구형

당신만큼 뛰어난 사람은 없을 거예요!

역시 남다르시네요!

역시 훌륭하세요!

당신은 참 대단한 사람이에요!

예술추구형

당신은 참 독특한 매력이 있어요!

그런 감각은 어디서 나오는 거죠?

정말 신비롭네요!

평범하지 않아 참 좋아요!

지식추구형

당신은 모르는 것이 없군요!

당신만큼 정확히 아는 사람은 없을 거예요!

어떻게 그렇게 많은 정보를 알고 있는 거죠?

신중형

당신은 참 믿음이 가는 분이네요!

꾸밈없이 편안해 보이는 모습이 정말 좋아요!

워낙 신중하시니 실수도 없으시네요!

자유분방형

역시 분위기 메이커는 당신이 최고예요!

참 좋은 사람이네요!

사람을 즐겁게 해주시는군요!

어디서든 당신이 있어야 해요!

자기주도형

역시 최고네요!

힘과 용기가 대단해요!

당신의 열정에 놀랐어요!

어디서 그런 힘이 나오죠?

당신은 무엇이든 해낼 수 있는 사람이에요!

평화추구형

당신 덕분에 힘이 나요!

사람을 편안하게 해주시는군요!

덕분에 조용히 지나갔어요!

참 듬직하네요!

그 사람의 성향과 기질에 맞는 적절한 칭찬요법은 아무리 차갑고 냉정한 사람일지라도 그 마음의 문을 열게 하는 힘으로 작용한다. 개인적인 분야나 개성을 칭찬하고 좋은 점을 찾아내는 것이 중요하다. 적절한 타이밍을 놓치지 말고 그 자리에서 바로 그에 맞는 칭찬을 하라.

그리고 칭찬할 때는 막연한 말이 아닌 아주 구체적이고 진심으로 느낀 점을 함께 말해야만 효력을 발휘한다.

칭찬은 자녀를 향한 부모의 사랑 안에도 항상 담겨 있어야 한다. 부모가 자녀를 어떻게 바라보고 아이의 특성과 개성을 얼마나 존중하느냐에 따라 비로소 아이가 듣고 싶은 칭찬을 할 수 있다. 자녀의 모든 것이 부모 마음에 들 리 없다. 맘에 들지 않으니 칭찬할 수 없는 것이고 칭찬을 듣지 못하니 아이들은 혼란스러워 한다.

아이들도 인간의 독창성을 추구할 권리가 있다. 내 아이가 무엇을 원하는지 바로 인지하고 그를 인정하며 지지

해 주어야 한다. 칭찬으로 그렇게 할 수 있다. 내 아이가 진정 훌륭한 성인으로 자라길 원한다면 아이가 좋아하는 것을 해냈을 때 칭찬을 아끼지 말라.

자녀들을 축복하는 말

"네가 하고자 하는 일을 할 때 지혜가 함께하길 바란다."

"역시 대단하구나. 넌 참 큰 재능을 가졌어. 그 재능을 함께 키워보자."

"어떻게 그런 생각을 한 거니? 넌 분명히 아주 큰 사람이 될 거야."

"네가 한 일을 알고 크게 감동 받았단다. 네가 있어 참 행복하구나."

"지금까지도 훌륭했는데 오늘 또 한 번 놀랐네. 넌 장차 세상을 놀라게 할 만한 훌륭한 사람이 될 거야."

"최선을 다하는 모습이 정말 대견스러워. 앞으로 더 많이 기대된다."

"너와 함께 일하니 참 즐겁구나. 잘하는 것을 보니 그 일을 감당할 만한 큰 힘이 있겠는걸!"

"나도 너와 같은 생각을 했는데 네 나이에 안목이 대단한 걸 보니 역시 넌 특별하구나."

"난 너를 믿는단다, 네 삶도 네가 아주 잘 이끌어 나가리라 생각해."

말은 곧 씨가 된다. 자녀를 축복하는 말은 자녀의 꿈을 키우고 삶을 키워갈 훌륭한 씨앗이 된다. 부모는 그 씨에 환경이라는 도구를 이용해 정성껏 필요한 양분을 공급해 주면 된다. 가지가 무성해지면 가지치기로 모양을 잡아주고 양분이 흩어지지 않도록 고르듯이 부모의 역할은 양분의 공급뿐 아니라 제대로 된 모양을 잡아가고 에너지가 흩어지지 않도록 길을 잡아주는 것이다.

○

정답보다 정서

말은 외적으로 표현되는 이미지의 한 형태이다.

듣기만 해도 친근감이 가는 목소리, 까칠한 목소리, 무뚝뚝한 목소리, 힘이 없는 목소리, 경쾌한 목소리 등 가지각색이다. 즉 목소리만 들어도 내면의 상태를 알 수 있는 것이다. 아무리 유창하게 낭독하고 강연한다 해도 귀에 거슬리고 듣기 싫은 목소리가 있다. 그러면 내용보다는 목소리에 대한 좋지 않은 인상 때문에 그 강의가 좋게 평가하기 어렵다.

목소리 이미지
—

좋은 목소리는 그 자체로 사람을 끌어당기는 매력 포인트이다.

목소리만 듣고도 호감이 가거나 부드러운 목소리에 마음이 따뜻해지기도 한다. 외모를 보기 전 목소리만 듣고도 프러포즈를 하는 경우도 있으니, 목소리가 한 사람을 평가하는 데 있어 얼마나 지대한 영향을 미치는지 알 수 있다.

사람마다 모습이 다르듯 목소리도 천차만별이다. 첫인상에서 목소리가 차지하는 비율은 40%나 된다고 한다. 그러니 목소리가 좋으면 호감도를 쉽게 끌어올릴 수 있다.

사춘기 무렵에 겪는 변성기 과정은 남자뿐 아니라 여자에게도 나타난다. 이 무렵에 목소리가 결정될 수 있으니 그 시기에 변성을 어떻게 관리하느냐가 중요하다.

대부분 심신이 안정되고 편안한 사람들의 목소리는 경쾌하면서도 여유롭다. 감정의 기복이 심하고 열악한 환경에서 살아가는 사람들의 목소리는 거칠고 탁하다. 환경의 영향으로 말투가 투박해지는 것은 물론 감정 상태에 따라서도 목소리는 달라지기 마련이다. 그래서 평소 말하는 목소리나 말투, 억양만 들어도 그 사람의 생활문화 수준을 고려할 수 있다.

성격 역시 한몫 한다. 성격이 급한 사람은 말하는 속도도 빠르다. 말에 색깔이 없고 멋이 없으며 운율이 없어 듣는 사람의 마음이 그리 편안하지 않다.

반대로 성격이 느린 사람은 말도 느리다. 답답할 정도로 늘어지고 군더더기가 많으며 말이 뜻하는 방향을 찾기 어렵다. 도대체 무슨 말인지 이해가 안 되는 경우이다.

주도적인 사람들이나 진취적인 사람들은 말하는 속도가 일정하나 말에 지나치게 힘이 들어가 있는 경우가 많다. 맺고 끊는 것이 정확하며 군소리나 잔소리가 없이 단도직입적이다.

관계지향적인 사람들은 목소리가 부드럽고 편안하다. 과정을 중요시하므로 말할 때도 과정을 주로 언급한다.

이렇듯 성격에 따라서도 말하는 스타일이 모두 다르다. 말만 들어도 그 사람의 성격이나 기질, 문화수준, 경제수준, 교육수준 등을 간파할 수 있다. 그러나 목소리는 훈련으로도 교정이 가능하므로 자신의 목소리가 탐탁지 않다고 생각하는 사람들은 아래와 같은 방법으로 훈련해보자.

목소리 교정법

① 평소 물을 많이 자주 마신다.

② 구강 운동을 통해 입의 근육을 풀어준다.

③ 책을 소리 내어 읽는다. 책의 내용을 빠뜨리지 말고 한 자 한 자 정확한 발음으로 읽어본다. 소리 내어 읽을 때는 적절한 속도와 띄어 읽기 등 가능한 입을 크게 벌려 읽는다.

④ 볼펜이나 젓가락을 입에 가로로 물고 읽는 연습을 한다.

⑤ 아, 에, 이, 오, 우를 소리 낼 때는 입 안을 최대한 둥글게 만들고 목구멍과 코가 서로 통하도록 둥글게 소리 낸다. 이를 공명음이라고 한다.

직장에서든 학교에서든 사람들 앞에 나와 말을 해야 할 일이 많다. 스피치 훈련이나 목소리 교정훈련이 유행하는 이유도 그만큼 수요가 많기 때문이다.

목소리가 안정적이고 편안한 사람들은 함께 이야기를 나누는 사람들에게 신뢰감을 준다. 가늘고 힘이 없으면 자신감이 없어 보이고, 거칠고 탁한 소리는 공격성을 보이므로 마음에 호감을 일으키거나 설득하는 데 있어서 커다란 장애요인이 된다.

목소리는 평소 그 사람의 정서와 감정을 담고 있기 때문에 목소리를 교정하기에 앞서 평소 감정이나 정서를 살피는 것이 중요하다. 자신의 내면 상태를 이해하고 내면이 평안한 상태를 유지하도록 힘써야 한다.

목소리는 한 사람의 인격을 대변하므로 무시하거나 방치해서는 안 된다. '그냥 되는 대로 살지' 하는 얄팍한 생각을 가졌다가는 얻을 수 있는 많은 좋은 것들을 놓칠 수 있다. 이를 염두에 두고 얼굴만큼 목소리를 가꾸는 일에도 마음을 두기 바란다.

톤을 조절하라
—

듣기 싫은 목소리 중 하나가 하이톤이다.

평소 알고 지내던 교수님들과 원우회를 맺고 정기 모임을 갖고 있는데 어느 날 저녁식사를 함께하는 자리가 주어졌다. 근처에서 꽤 유명한 식당이었는데 미리 예약하지 않아서 종업원에게 괜찮은 음식을 추천해 달라고 했다. 그런데 종업원의 목소리가 꽤나 하이톤이었다. 말이 많고 빠르기까지 해서 듣기가 좀 힘들다고 생각했는데, 한 교수님이 그에게 물었다.

"원래 목소리가 그런 거예요, 아니면 그렇게 말하라는 교육을 받은 거예요?"

모두 교수님과 종업원을 번갈아 보면서 당황스러워했지만 다들 궁금하다는 표정으로 종업원의 대답을 기다렸다.

"왜요?"

교수님은 다시 말씀하셨다.

"목소리가 좀 독특해서요."

서로 눈치를 보며 종업원의 반응을 살폈다. 종업원이 그다지 유쾌하지 않을 거란 생각은 했지만 거슬린 것은 사실이었기에 식사를 기다리는 동안 자연스럽게 목소리에 대한 이야기가 화제에 올랐다.

내 친구 중 한 명도 하이톤에 늘어지는 말투라서 이야기를 나누다 보면 영 거슬린다. 그렇다고 목소리 때문에 그 사람의 감정을 상하게 할 수는 없기에 참아 넘기지만 듣기 싫은 건 어쩔 수 없다.

방송인 현영의 목소리도 하이톤이다. 그녀의 목소리에 대한 호오는 지극히 개인적인 문제겠지만 내 귀에는 그다지 좋지 않게 들린다. 그와는 반대로 너무 낮고 걸쭉한 목소리를 가진 사람이 있다. 이런 목소리도 별로 듣기 좋지 않다.

이런 목소리를 가진 사람들은 항상 입 안에서 목 안 깊숙한 곳까지 수분으로 촉촉이 적셔 주면 좋다. 건조가 가장 큰 원인이기 때문에 수분을 충분히 공급해 주고 목소리 결절이 쉽게 올 수 있으므로 음주를 삼가고 큰 소리를 내는 것을 자제해야 한다.

목소리는 또한 갑상선에 영향을 미치므로 목소리가 너무 튄다거나 탁하고 거칠다면 목 건강에 각별히 신경 써야 한다. 목소리는 일반 음계에서 도, 레, 미 중 '미' 톤이 가장 듣기 좋다고 한다. 가장 맑고 청량하며 심리적으로도 안정감과 신뢰감을 준다.

말을 잘하는 것도 중요하지만 목소리의 색깔과 모양은 더욱 중요하다. 말에도 옷을 입히는 훈련은 일상 속에서도 꾸준히 할 수 있으므로 자신에게 어울리도록 톤앤매너를 적절히 조절하여 자기화하는 것도 이미지 관리의 하나이다.

6장

호감을 주는 사람의 언어

○
미다스의 능력

미다스의 능력을 가진 사람들은 낯선 사람과의 대화도 별로 어려워하지 않는다. 오래 전부터 친하게 지내왔던 사람처럼 아주 편안하게 잡담을 나눌 수 있다. 옆자리에 앉은 다른 승객이나, 택시운전사, 공원을 산책하는 사람 등 처음 대하는 사람들과도 짧은 시간이지만 부드러운 목소리로 자연스럽게 대화를 나눈다. 이들에게 낯선 사람과 교통하기란 전혀 어려운 일이 아니다.

사람의 마음을 훔치다
—

외적 이미지와 내적 이미지의 결합이 제대로 이루어졌을 경우 특별히 가꾸거나 말을 하지 않아도 절로 향기가 배어 나온다. 그의 입에서 나오는 말은 부드럽고 단호하며 경쾌하고 다정하다. 그의 행동과 말에는 거짓됨이 없고 가식이 없으며 자체에서 발광하는 성품은 시기하는 자가 부끄러울 만큼 어떠한 기세에도 눌리지 않는다.

처음 만난 사람과 아무런 거리감 없이 편안하게 대화를 유도하는 사람들이 있다. 그들을 '미다스의 능력을 가진 사람'이라고 말한다.

미다스는 '만지는 모든 것이 황금으로 변한다'는 뜻으로 유명한 그리스 신화에 나오는 임금이다. 여기에서 '미다스의 능력'은 모든 관계에 들어가기만 하며 분위기를 상승시켜 친숙하게 만드는 능력을 말한다.

낯선 사람과 함께 시간 보내기
—

대부분의 사람들은 낯선 사람과의 만남을 기피한다. 이유는 단 하나, 불편하기 때문이다. 어쩌다 말 한마디 오가더라도 대화가 한정되어 있으므로 금세 끊기고, 할 말이 없어 어색한 상태가 된다. 아는 사람이 빨리 오기만을 기다리며 반응도 없는 핸드폰만 괜히 만지작거린다. 이럴 때 아는 얼굴이라도 보면 어쩜 그리 반가운지, 별로 친하지 않은데도 마치 구세주를 만난 것처럼 반갑고 해방감을 느끼며 그에게 다가간다. 그처럼 사람들은 낯선 것에 대한 두려움과 불편함으로 인해 새로운 관계를 확립해 나가는 데 많은 어려움을 겪는다.

낯선 사람과 무슨 할 얘기가 있을까. 오히려 서슴없이 이야기를 주고받는 사람을 실없는 사람이라고 치부하기도 한다.

그러나 쓸데없는 건 하나도 없다. 특히 사람과의 나눔에는 더더욱 버릴 것이 없다. 오히려 새로운 사람을 통해 더 많은 것을 얻을 수 있고 이제껏 한정되어 있던 정보 외에 더 많은 새로운 정보들을 얻어낼 수도 있다.

기차 안에서 오랜 시간을 보내거나 고속버스를 타고 장거리를 갈 때가 있다. 그럴 때 옆자리에 앉은 사람과 대화를 시도해 보라. 어떻게 대화를 시작할까? 다음은 내가 고속버스를 타고 4시간을 가야 할 때 같은 버스에 혼자 타고 있던 낯선 사람에게 다가가 대화를 시도했던 경험이다.

"혹시 도착지인 익산이라는 곳을 잘 아시나요?"

그는 처음이라고 말했으며 대학 다니는 딸아이의 기숙사에 가는 길이라고 말했다. 자연스럽게 딸아이의 생활에 대한 대화가 이어졌다.

"가족과 떨어져 살아야 하는 기숙사 생활을 따님은 어떻게 적응했나요?"

"가족들도 처음에는 걱정이 많았겠네요."

"부모님이 든든히 받쳐주고 계시니 따님도 더 쉽게 적응할 수 있었을 것 같은데, 학교생활에 만족해하나요?"

내가 질문할 때마다 그는 자신의 딸에 대해서 이야기해주었고 나의 리액션에 따라서 묻지도 않은 말까지 줄줄이었다. 중간에 휴게소에서는 점심과 커피까지 덤으로 얻어먹으며 긴 시간을 지루하지 않게 보낼 수 있었으며 연락처까지 공유하고 다음에 서울에서 꼭 만나자는 제안까지 해왔다. 그리고 2주 후 연락이 왔다.

사람들은 '나'에 대해 이야기하기를 좋아한다. 낯선 사람이지만 그리 거북하지 않으면 자신에게 관심을 보이고 다가오는 사람이 싫지 않다. 때와 장소와 시간과 그 사람의 성격에 따라 다소 차이를 보일 수는 있지만 처음부터 너무 가깝게 다가가거나 일방적으로 접근하는 것은 좋은 방법이 아니다. 적절한 거리에서 눈 맞춤을 하고 대화를 요청했을 때 거절하지 않는다는 전제하에 대화가 이어질 수 있다.

대화는 질문의 흐름을 탄다
—

대화를 이어가는 방법 중 하나는 질문과 공감요법이다. 이때 질문은 가능한 상대의 관심사에 관한 것이어야 한다.

"신고 있는 구두가 참 독특하고 멋있네요."
"어디서 구입하신 건가요?"
"센스가 좋으시네요."
"제 친구가 신고 있는 것이랑 비슷한데 그 신발이 참 예쁘다 생각했거든요."
"저도 한번 구경 가고 싶은데 어디로 가면 될까요?"
"요즘은 다양한 디자인의 구두뿐만 아니라 모든 실생활 용품들이 신기하고 예쁘더라구요."
그렇게 자연스럽게 구두에서 실생활용품으로 대화를 이어가게 된다.

이런 질문과 공감요법은 친구나 가까운 사람들을 만나도 아주 큰 효과를 낼 수 있으며, 당신과의 만남이 전혀 지루하지 않고 즐거웠다는 경험을 갖게 해준다.

사람과의 관계에서 질문은 관심의 표명이다. 상대의 닫힌 문을 여는 열쇠가 되는 것이다.

여기서 중요한 포인트 하나는 긍정적인 반응이다. 긍정적인 반응은 적군을 아군으로 돌릴 수 있을 만큼 엄청난 위력이 있다. 어쩌면 칭찬보다 더 강한 힘을 가지고 있을지도 모른다. 긍정은 칭찬을 뛰어넘어 자신의 존재가치까지도 상승하게 만드는 대단한 힘이다. 사랑을 받고 싶다면 상대의 모든 것을 긍정하라.

반겨주는 사람들이 사랑 받는다

—

늘 반겨주던 사람이 어느 날 보이지 않는다면 우리는 그를 궁금해 한다. 허전하고 낯선 감정에 기분이 그다지 좋지 않다. 그만큼 반김이란 우리의 마음을 충분히 사로잡는다. 설령 가식이거나 수단일지라도 반김은 언제나 즐겁고 행복한 일이다.

나를 반겨주는 사람과 장소에 당연히 마음이 가게 된다. 자신의 존재가치를 인정받고 존중받는다는 기분이 들기 때문이다. 그런데 가까운 사이일수록 오히려 표현에 인색해진다. 매일, 자주 보는 사람이라고 대수롭지 않게 대하며 있어도 없는 듯 별 관심을 보이지 않는다. 처음 만난 사람이든 아주 익숙한 사람이든 자연스러운 관계를 유지하고 친밀감을 더욱 돈독하게 하려면 그의 하루를 경청하고 공감하며 이해하는 표현을 과감하게 드러내어야 한다.

그렇게 반기는 말은 언제 들어도 즐겁다.

"오늘은 어떻게 보냈어요?"

"즐겁고 신나는 일은 없었나요?"

"정말 힘들었겠네요."

"왜 이렇게 오랜만이에요."

"많이 궁금했어요. 별일 없는 거죠?"

"오늘도 힘들었죠? 수고 많았어요."

"조심해서 오세요. 기다릴게요."

말이 뭔지 표현하기는 참 어렵다. 그래도 사랑하는 사람들에게 어떤 말을 할까 고민하는 시간은 필요하다. 기분 좋은 말을 기다리기보다는 내가 먼저 손을 내밀면 어떨까? 결국 모두 내게로 돌아오니 말이다.

"고마워, 사랑해, 미안해, 당신이 최고야!"

오늘부터 하루 한 번이라도 사랑하는 가족들에게 이를 실천해 보자. 당신의 가정에 행복 에너지가 점점 차오를 것이다.

○

끌리는 말에 안 끌리는 사람 없다

다양한 사람들을 만나 이야기하다 보면 유난히 편하게 느껴지는 사람들이 있다. 남다르게 인물이 좋은 것도 아니고 인상이 탁월하게 편안한 것도 아니다. 이런 저런 이야기를 하다보면 나와 공감되는 부분들이 많고 말이 통한다는 느낌이 든다. 처음 본 사람일지라도 그렇게 공감대가 형성되면 왠지 그와 함께하는 것이 어색하거나 낯설지 않으며 곧 친숙한 관계가 되어 짝을 이룬다.

이처럼 사람은 익숙하고 친숙한 것에 끌리기 마련이다. 연령대가 비슷하거나, 직업, 자녀, 관심분야 등이 비슷하면 처음 만나더라도 금세 친숙해질 수 있다.

그러나 나와 전혀 다른 사람들에게서 더 많은 것을 배울 수 있다.

배움을 추구하는 사람들은 항상 새로운 것에 관심이 많

다. 지금껏 해왔던 익숙한 것에서 벗어나 새로움을 창출해 내는 능력은, 곧 새로운 것을 접하고 관심을 키우면서 새로움이라는 낯선 것에 도전할 때 발현된다.

관계형성에서 중요한 관심

—

대인관계에서 가장 중요한 것은 상대에 대한 관심이다. 관심 없이는 아무것도 시작할 수 없으며 어떤 성과도 낼 수 없다. 관심이 있어야 생각을 하고 시도를 하며 결과를 바랄 수 있다.

사내커플, 이웃커플, 캠퍼스커플 등을 보자. 첫눈에 운명처럼 사랑에 빠진 경우는 흔치 않다. 오며 가며 지내다가 서로를 조금씩 알게 되고 관심이 생기기 시작하면서 상대를 살피는 과정을 거친다.

비즈니스 상황도 마찬가지다. 상대의 직업에 대한 관심이나 직업에 종사하는 당사자의 마음에 대한 관심은 마음의 벽을 허물고 무거운 짐을 살짝 나눠 지는 효과를 발휘한다.

세일즈에 강한 사람들은 우선 상대에 대한 관심을 드러내어 문이 열리게 만들고, 그 순간을 빌려 자신이 하고 싶은 말을 양념처럼 첨가한다.

관심이 없는 관계는 있을 수 없다. 관심의 부재는 가족 관계까지도 흩어지게 만든다. 가족은 물론 타인에 대한 관심도 아주 사소한 것에서부터 시작된다. 이름과 직업, 마주친 장소 등 미처 생각지도 못한 것들을 기억하고 있는 사람에게는 마음의 끌림 현상이 일어난다. 자신이 특별해지는 경험을 하기 때문이다.

시각을 달리하면 달리 보인다

어떤 사람이든 세상에 단 하나뿐인 유일무이한 존재지만, 그 한 사람을 평가하는 시선은 너무나 많다. 사람마다 모두 다르다고 보면 된다. 그 평가 기준을 각 개인들이 만들었기 때문이다.

언젠가 운전하다가 터널을 통과할 때였다. 꽤 긴 터널이었는데 너무 어두워서 시야가 매우 불편했다. 조수석에 앉은 지인과 어두운 터널을 탓하고 불평했는데, 곧 내가 짙은 선글라스를 끼고 있었다는 사실을 깨달았다. 한바탕 웃고 넘겼지만 또 한 번의 깨달음을 얻은 해프닝이었다.

강의하면서 한 장의 만화 캐릭터 그림을 10초간 보여주고 기억나는 곳을 그려보라고 할 때가 있다. 가장 먼저 보고 기억하는 부분이 저마다 다르다. 대부분의 사람들은 익숙한 것을 먼저 본다. 그리고 자신이 아는 것과 이해하는 것을 보고, 자신의 경험이나 정보, 지식을 앞세워 보기도 한다.

이렇게 한 장의 그림도 제각각 다르게 보는 우리이기에 오해가 발생하고, 도무지 납득이 되지 않는 상황이 일어난다. 직사각형도 어느 쪽에서 바라보느냐에 따라 그 크기가 달라진다. 인간관계에서도 어떤 시각으로 바라보느냐에 따라 그 사람의 옳고 그릇됨이 달리 보인다.

사람은 혼자 살 수 없다. 누구든 옳고 그른 것은 없다. 서로의 방향에서 서로의 시각으로 바라본 것들을 함께 나누고 이해하며 살아가는 것만이 관계형성에 도움이 되며, 그래야만 서로를 이해하고 포용하는 성숙된 인간의 면모를 갖출 수 있다.

감정의 찌꺼기를 제거하라
—

오래된 친구 중에도 유난히 정이 가는 친구가 있다. 그 친구와는 말도 잘 통할 뿐 아니라 좋은 일이든 나쁜 일이든 항상 함께할 수 있다. 진심이 통하므로 충고나 권면을 하더라도 마음 상하거나 다치지 않는다. 서로의 관계에서 그만큼 신뢰감이 크게 자리 잡았기에 가능하다.

그러나 신뢰가 전제되지 않으면 이야기는 달라진다. 만일 나를 그다지 좋아하지 않는다거나 서로 갈등이나 마찰의 경험이 있는 사람이라면 충고나 권면도 조심해야 한다.

감정의 찌꺼기는 달라붙는 특성이 있다. 깨끗이 제거하고 말끔히 털어내는 과정은 그리 쉽지 않다. 긴 시간을 요하므로 속 좁은 사람이라는 평을 피하고자 이해하고 털어버린 척할 뿐이다. 한번 상한 감정은 감정의 벽에 단단히 들러붙어 그와 연관된 사람을 볼 때마다 늘 예민하게 반응하여 비위를 뒤튼다. 그래서 주는 것 없이 밉기만 하고 아무리 좋은 걸 받았다 하더라도 유쾌하지 않은 것이다.

'감정의 노예'라는 말이 괜히 있는 것이 아니다. 아무리 감정에서 벗어나려 해도 자기 힘만으로는 어림도 없다. 때리는 시어머니보다 말리는 시누이가 더 밉다는 말이 있지 않은가. 시누이에 대한 감정의 찌꺼기들로 인해 시누이의 진심마저도 왜곡되게 받아들여지는 이유다. 한마디로 시누이의 속내를 믿지 못하는 것이다.

누구나 자신과 마음이 통하고 자신을 이해해 주는 사람들을 좋아하고 신뢰한다. 전적으로 나를 지지하고 믿어 준다고 생각하기 때문이다.

옳고 그른 것을 떠나서 나와 한 마음을 품고 있는 사람들에게 호감을 느끼고 특별한 감정을 갖게 되는 것은 자명한 일이다. 많은 사람들이 이러한 문제 때문에 갈등을 일으키게 된다. 서로 한 치의 양보도 없이 자신의 것을 주장하다 보니 자신과 뜻이 전혀 맞지 않는 사람과 충돌이 일어나고 마찰이 비일비재하게 일어난다.

가족 간에도 부부 간이나, 부모자식, 형제 등 서로 자신이 옳다며 목소리를 드높인다. 사회에서는 안 보면 그만인 사람들도 많으니 피해갈 수라도 있지만, 가족 간에는 그 또한 어려운 일이다. 명절이나, 제사 등 가족들이 모이는 날이면 내외적으로 편치 못한 마음이 반복된다.

서로 다른 사람들이 서로 다른 환경 속에 살면서 모든 걸 맞춰가기란 쉬운 일이 아니지만, 서로의 입장을 조금씩만 헤아려 준다면 어렵기만 한 일도 아니다.

우선 대화가 필요하다. 나의 입장과 생각만 옳은 것은 아니므로 상대의 입장과 생각 역시 존중하고 이해하는 마음이 절실하다. 이기적인 삶이 그리 나쁜 것은 아니지만 그것은 합리적인 이기심일 때의 이야기다. 나의 이기심으로 인하여 다른 사람이 곤란함을 겪거나 또 다른 피해를 받는다면 그것은 정당한 이기심이 아니라 비합리적인 이기심일 뿐이므로 자신을 사랑하는 당당함과는 질적으로 큰 차이가 있다.

지성인이라면 나를 생각하는 만큼 다른 사람의 입장도 헤아릴 줄 알아야 한다.

스펙은 액세서리가 아니다. 스펙의 기본은 인성이다. 스펙에 걸맞은 인성과 지성을 갖춘 품격 있는 자세로 본이 되는 삶, 그것이 바로 가장 훌륭한 인생이다.

말하기에 앞서 이 말이 상대에게 불쾌함을 주진 않을까 한번쯤 생각하는 것, 이것이 바로 지성인의 미덕이다.

○
존재의 추구

결혼한 후 십여 년 동안 내 이름을 들어본 적이 없었다. 결혼 직후엔 새댁, 며늘아기, 자기라는 호칭으로 불렸다. 아이를 낳은 후에는 아이 이름이 어느새 내 이름이 되어 있었다. 세월이 흐르고 내 나이 중년을 바라볼 때쯤 비로소 이름을 되찾을 수 있었다. 전업주부를 벗어나 새로운 2막의 인생을 시작할 때쯤 처음으로 "육문희 씨"라는 호명을 듣고 '아! 내 이름이구나' 새삼 설레기까지 하면서 내 이름을 되뇌어 보았다. 약간은 오래된 향기가 묻어났지만 그리 싫지 않은 내 이름이었다.

이름을 불러주는 사람

—

특히 여자들, 그중에서도 주부들은 지갑 깊숙이 들어 있는 신분증을 보아야만 자신의 이름을 찾을 수 있다. 과거에는 더 심했다. 지금은 시대가 변하면서 시어머니도 며느리의 이름을 불러주고, 남편들도 아내의 이름을 불러준다.

이름 부르기는 별거 아닌 것 같지만 한 사람의 존재를 인정하는 의미가 되기도 한다. 며느리로, 아내로, 엄마로만 살아오는 전업주부들에겐 더욱 의미가 크다. 이때껏 나는 없고 오로지 가족들을 바라보고 지켜주는 사람이었다면, 이제는 이름대로 독특한 한 개인으로서 인정받는 의미이다.

서양에서는 상대를 호칭할 때 그 사람의 이름을 부른다. 물론 문화적인 차이도 있겠지만 서양인들은 아주 오래전부터 개인을 추구하고 상대를 이해하고 존중하는 문화 속에서 살아왔다. 요즘은 우리 사회도 많이 변화되어 관계 속에서 개인을 존중하며 그 사람의 이름을 반복적으로 꼬박꼬박 불러주는 사람들이 있다.

누군가가 나의 이름을 반복해서 부르는 것에 그동안 막혀 있던 마음의 담장이 한 계단씩 낮아진다. 이름 부르기는 자존감을 향상시켜 주고 자존심을 세워준다.

링컨은 '국민의, 국민에 의한, 국민을 위한' 이라는 문구를 많이 써 왔었는데 이는 바로 국민이라는 단합과 정체성과 자부심을 부추긴 포석이라 볼 수 있다.

소니의 창시자 이부카는 회사 내에서 직위나 계급 대신 이름을 부르는 것으로 직원들의 화합을 불러 일으켰다. 사람은 자기 이름을 알아주는 것만으로도 친근함을 느끼는 것은 물론, 일의 능률도 오르고 삶의 원동력까지 생긴다. 이를 '호칭기법' 이라고 하는데 이부카는 이 호칭기법을 아주 잘 활용했다.

"너 아니면 안 돼"
—

특별한 사람으로 대우 받는다는 사실은 언제나 마음을 설레게 한다.

"믿을 사람이 너밖에 없어. 너는 내게 특별한 사람이야" 라는 말을 들으면 왠지 책임감이 생기고 그렇게 말해 주는 사람을 실망시키지 않기 위해 노력하고 싶어진다.

오래 전 의상 코디네이터를 겸하면서 의류 매장을 운영

하던 때였다. VIP고객 확보는 그리 어려운 일이 아니었다. 독특한 스타일을 선호하는 고객들을 위한 콘셉트였기 때문에 우리 매장은 시중에서 보기 어려운 디자인의 옷을 갖추고 있었다. 특별히 아주 비싸고 고급스러운 옷일수록 임자는 따로 있었다.

어느 날 처음 매장을 찾은 고객이 있었다. 일본 유학생인 그녀는 일주일 후 일본으로 돌아갈 예정이었다. 그녀는 값비싼 옷들을 가리키며 이런 옷은 어디서도 본 적이 없다고 말했다.

"참 독특하네요. 이런 디자인은 한 번도 본 적이 없어요."

"그럴 수밖에요. 지역마다 한 벌씩밖에 없는 옷이니까요."

실제로 그 옷의 디자이너와 취급하는 회사는 옷에 대한 자부심이 대단해서 지역별로 한 매장 이외에는 거래하지 않았다.

"비싸기도 하고 아무나 소화할 수 없는 옷이라 조심스럽게 다루고 있답니다."

"제가 입어 봐도 될까요?"

"물론입니다만, 가격이 부담스럽지 않다면 얼마든 가능합니다."

그녀는 코트를 입었다. 키도 크고 늘씬한 여성의 표정

은 호기심으로 가득했다. 자신의 모습을 이리저리 둘러보며 너무 맘에 든다고 말했다.

"이 옷은 저 아니면 안 되겠는데요." 그녀는 웃으며 말했다.

"네, 고객님만한 분을 아직 한 번도 만나본 적은 없습니다. 고객님 같은 분이 흔치 않으니 다른 사람들에겐 그림의 떡인 셈이죠."

그녀는 꽤 비싼 가격을 보고서도 흔쾌히 포장을 청했다. 그 이외에도 몇 벌의 옷을 더 선별하여 계산하고는 가벼운 발걸음으로 매장을 떠났다.

"너란 사람", "너 아니면 안 돼"라는 말은 "넌 특별해"라는 뜻이다. 그것을 알아주는 사람에게 더 잘 보이고 싶은 것이 사람의 마음이다.

그녀 역시 자신이 특별하다는 사실을 내세우고 싶었을 것이며, 그것을 인정해 주는 내게 좋은 이미지를 보여주기 위해 과감하게 투자했던 것이다. 다행히 그녀는 유복한 가정에서 경제적인 어려움 없이 살아가는 부유한 유학생이었다.

지인의 소개로 내게 상담을 요청한 한 남성이 있었다. 형이 한 명 있는데 어릴 때부터 부모님은 형의 말은 뭐든 다 들어주고, 믿어주고, 자랑스러워하면서 자신의 말은 의심하고, 부정하고, 들으려 하지도 않는다고 말했다. 그런 일들이 어릴 때부터 지속되다 보니 자꾸 가족들이 미워지고 스스로 위축된다고 털어놓았다. 지금 가족인 아내와 자녀에게까지 영향을 미쳐 가족인데도 그들이 나를 어떻게 생각할까 두려워 자신의 이야기를 당당하게 꺼내길 어려워했다.

그는 개인적으로나 사회적으로 유능하여 만인의 존경을 받는 사람이었다. 그의 형과 부모는 어려서부터 추구하는 성향이 비슷했다. 자신은 정반대로 자신만의 세상이 있었고 자신이 추구하는 것들은 부모의 그것과는 많이 달랐다. 결국 형은 부모님의 뜻대로 삶을 진행했고, 자신은 스스로 개척하여 자기만의 삶을 진행하며 큰 성공을 거두었다.

이제 나이가 들었는데도 뒤틀어진 관계는 아직까지 그의 내면에서 통증을 유발하고 있었다. 서로의 다름에서 빚어진 오해였다. 가족들과의 대화가 필요했다. 서로 다른 부분을 비난하고 질책하는 대신 이해와 수용하는 자세가 시급하다는 결론을 내리고 다음을 기약했다.

그가 지금은 가족과의 관계를 회복했기를 바란다.

관심은 사랑을 부른다

—

오랜만에 동창 모임에 다녀온 지인이 "매우 불편했다"고 털어놓았다.

그와는 달리 다른 친구들은 오래전부터 모임에 참석했고 여러 해를 지속적으로 만나다 보니 모두 친숙한 관계를 유지하고 있었다. 그 와중에 아주 오랜만에 참석한 그를 알아보는 사람도, 반겨주는 사람도 없었다. 결국 외톨이가 된 기분이 썩 유쾌하지 않아 예정보다 일찍 자리를 떴다고 한다.

그는 무엇을 바라고 동창 모임에 참석했던 걸까?

다름 아닌 '알아줌'과 '반겨줌'이었다. 자신이 참석하면 알아보고 반겨주리라 기대했던 심리가 채워지지 않자 상처를 입었고 불쾌한 감정으로 남은 것이다. 그렇다고 모든 사람이 그에게 다가가 억지로 아는 체하며 반겨줄 수는 없다. 그것은 개인적인 욕심일 뿐이다.

먼저 다가가는 법을 배워야 한다. 소심한 성격도 먼저

다가가 마음을 열다보면 대범하게 바뀐다. 상대에게 바라는 것을 내가 먼저 시도하는 일, 그것은 오히려 모든 관심을 당신에게 돌릴 수 있는 절호의 기회이다. 소극적으로 바라는 마음에서 그치지 말고 스스로 다가가 먼저 알아주고 반갑다며 손을 내밀었다면 그날은 훨씬 즐겁고 행복한 시간으로 채워졌을 것이다.

관심 받고 싶은 욕망은 누구에게나 동일하다. 자신의 존재를 인정받고 존중 받기를 갈구하지만 정작 관계의 본질을 아는 사람은 많지 않다. 자신의 마음만 앞세울 뿐 남을 이해하려 하지 않는다. 상대도 나와 같을 수 있다는 사실도 살피지 않는다. 온통 중심이 나에게만 있다. 한없이 졸아들고 얼어붙은 자존감을 다른 이에게서 보상받으려고만 한다.

내가 나를 위해 과감하게 용기를 내야만 원하는 것을 얻을 수 있다. 먼저 손을 뻗어야 내가 원하는 것을 제대로 잡을 수 있다. 내가 손을 뻗으면 그와의 거리가 반은 채워지는 셈이니까 말이다.

○
프로는 바쁘다고 말하지 않는다

김미경 작가는 스타강사로 이름이 높다. 초보 강사 시절, 강의 요청이 들어오면 일부러 스케줄을 확인해 보는 제스처를 취하는 등 바빠서 눈코 뜰 새 없는 듯한 이미지를 드러냈다고 한다. 사실은 한 번의 강의도 아쉬운 판이었는데 말이다. 몸값을 올리기 위한 작전이자 유능해 보이고 싶은 마음이었을 것이다. 그만큼 바쁘다는 것은 인기가 있다는 말이고 '잘나간다'는 메시지이다.

프로들의 여유
—

프로는 아주 바쁜 시절을 지나고 비교적 안정권에 들어온 사람들을 말한다.

진정한 프로들은 아무리 바빠도 바쁜 기색을 드러내지 않는다. 그들은 자만하지 않고 말과 행동에도 여유가 있다. 아마도 그 모든 과정을 경험했고 모든 것을 직접 체득했기 때문이리라. 그러나 여전히 바쁘다는 것은 곧 유능함과 상통한다. 바쁨은 곧 인기와 연결되기 때문이다.

이는 연예계뿐 아니라 일반인들에게까지도 연결된다. 만나기 힘들 만큼 빼곡한 스케줄이 가득 차 있다면 왠지 그 사람이 유능해 보인다. 할 일 없이 빈둥빈둥한 사람을 신뢰하기는 쉽지 않다. 쉽게 만날 수 있는 사람이라는 사실이 자기가치를 떨어뜨리는 시대가 되었다.

그러나 진정한 프로는 다르다. 바쁘기는 하지만 바쁜 와중에서도 시간을 충분히 활용할 줄 알며 짜임새 있게 스케줄을 연결시킬 수 있다. 바빠서 얼굴 보기 힘들다는 것은 볼 만한 가치를 못 느끼기 때문이다. 물론 예외는 있다. 몸이 피곤하다던가 정말 하루 일정이 아주 빼곡한 경우이다. 이런 상태라면 아무리 건강한 사람일지라도 온전한 상태를 유지할 수 없다. 바쁘다는 중압감으로 일하다 보면 온갖 스트레스와 에너지 방출로 얼마 못가 체력이 소진되기 마련이다.

프로들은 일을 즐기는 사람들이다. 그들은 하루 스케줄

이 즐겁다. 적당히 시간을 조율하며 틈새를 잘 활용한다. 그래서 그들은 여유롭다. 바빠 보여야 능력 있어 보인다는 것은 아마추어의 논리다. 진정한 프로들은 바쁠지라도 바쁘다는 것을 잘 드러내지 않는다. 인생이라는 무대 위를 마음껏 즐기며 한 템포 쉬어갈 줄 알기 때문이다.

인사의 말을 잘하면 저절로 유명인사가 된다

하마구치 나오타의 저서 〈업무의 기술〉을 보면 출퇴근 시 모두에게 큰 소리로 인사하라고 조언한다.

큰딸은 어릴 적에 동네방네 모르는 사람이 없을 정도로 발이 넓었다. 작은 어린애가 당시 한 동네에서 30년을 살아온 엄마보다 아는 사람이 많았으니까 기가 막힐 노릇이었다. 한번 밖에 나갔다 들어오면 주머니는 물론 양손 가득 사탕이 들려 있었다. 어느 날은 천 원짜리 지폐도 몇 장 들고 온다. 아이가 어디서 이것들을 들고 오는지 뒤를 따라가 보면서 알게 되었다.

딸아이는 집을 나서자마자 지나가는 아주머니며 어르신들이며 하다못해 아이들에게까지 한 명도 빠짐없이 인사를 건넸다. 우스운 것은 동네 강아지나 고양이에게까지 인사를 빼놓지 않았다. 집 앞 골목을 지나 큰 길가로 나오면 상권이 밀집되어 있기 때문에 많은 사람들이 오고간다. 그 길을 지나 외할머니 집으로 가기까지 500미터 남짓한 거리였는데 조그마한 아이가 아주 여유 있게 걷고 뛰면서 가는 동안 만나는 사람의 숫자는 헤아릴 수 없을 정도였다. 어느 분은 가다가 호주머니를 뒤져 사탕을 꺼내 아이 주머니를 채워 주었고, 어떤 분은 초콜릿을 손에 쥐어주었다. 아무것도 줄 것이 없으면 지갑을 열어 용돈이라도 쥐어주었다. 그도 그럴 것이 인사를 하도 잘하니까 그냥 지나칠 수 없었던 것이다.

그런 재미 때문이었는지 아이는 지나치리만큼 큰 소리로 인사를 하고 다녔다. 어느새 아이의 주머니와 양손에는 사탕이 가득 들려 있었다. 어린 것이 이른 나이에 살아가는 방법을 나름대로 터득했던 것 같다. 어느새 아이는 동네방네 모르는 사람이 없을 정도로 유명 인사가 되어 있었다.

이렇게 사소한 것에서도 우리는 아이들을 따라가지 못한다. 인사를 잘해야 한다는 교훈을 입으로만 가르칠 것이 아니라 먼저 솔선수범하는 모습을 보여야겠다.

진정한 프로의 자세

—

강의를 하다 보면 여러 선후배 강사들이나 교수들과 교류를 나눌 때가 있지만, 그 만남이 실망으로 끝날 때가 잦다. 이 사회에서도 경쟁과 시비를 피해갈 수 없는 것이 현실이다. 아무리 스펙이 좋고 평생 학문에 몸담은 사람일지라도 정작 자신의 분야 외에는 문외한인 경우가 많다. 그들을 평가하는 것은 그들의 프로 정신, 자세뿐이다.

자신의 분야에 자신감과 자부심을 가지고 당당하게 사람들 앞에 나서는 것은 프로 정신에 합당한 일이다. 그러나 자신의 분야 이외에서만큼은 자세를 낮추고 전문가의 조언과 충고를 들을 줄 아는 것이 진정한 프로의 자세이다. 내가 아무리 높은 학력을 자랑하고 높은 위치에서 지위를 드러낸다 하더라도 그것을 휘두를 수 있는 장소는 한정되어 있다. 아무 데서나 목에 힘을 주고 자신이 최고인양 함부로 다른 분야의 전문가들을 평가하고 그들의 업적을 비난하는 것은 옳지 않다.

머리를 다듬기 위해서는 미용실을 찾는다. 미용실에서 근무하는 사람들은 그 분야의 전문가들이다. 그 앞에서 스타일을 지적하고 기술에 대해 운운하는 것은 그들을 모욕하는 처사이다. 강사도 마찬가지다. 늘 웃음이 필요한 시간도 있지만 침묵이 필요한 시간도 있다. 웃고 신나는 시간으로 마무리되는 강의도 있지만 신중하게 자신을 되돌아보고 반성하는 것을 끝으로 마감하는 강의도 있다. 중요한 것은 이 모든 것을 수용하고 의미를 부여하는 데 있다. 진정한 프로 의식이 있는 사람들은 함부로 남의 것을 평가하지 않는다. 그 모든 것을 담는 그릇의 정도가 거기서 드러난다.

남을 평가하기에 앞서 자신의 내면의 상태를 들여다 볼 줄 아는 것이 진정한 프로의 자세이다. 언젠가 자칭 프로라는 사람이 집요하게 전화를 걸어 통화를 요청하고 장시간을 설명하며 자신의 정당함을 호소하는 것을 들어준 적이 있다. 그는 자기 생각이 잘못되지 않았으며 자신의 행위가 크게 잘못되지 않았다는 것을 인정받고 싶어 했다. 그럴 때마다 드는 생각은 '가슴 아프다' 였다. 그렇게 조바심 내고, 어떤 평가를 받을까 노심초사 불안해하는 마음이 전해진다. 어떤 작은 위안이라도 받고 싶은 마음일 것이다.

나는 모든 면에서 자신감이 있다고 자신 있게 말할 수 있다. 비록 누구보다 뛰어나지도 않고 자랑할 만한 스펙도 없으며, 높은 지위를 얻고 떳떳하게 내세울 명함도 없지만 그 모든 것보다 당당하게 내세울 수 있는 것은 바로 나라는 사람이다. 나 자신을 누구보다 존중하고 사랑하며 다른 이들의 치열한 삶까지 진심으로 보듬는 내가 나는 참 좋다.

진정한 프로의 삶을 살고 싶은가? 진정한 프로는 자신을 낮출 줄 아는 사람이다. 낮춤이란 겸손을 말하는데 겸손은 아는 것을 모른 척하는 것이 아니다. 진정한 겸손이란 다른 사람의 전반적인 삶을 존중하고 나와 같이 귀히 여길 줄 아는 마음이다.

지성인의 삶을 꿈꾸자. 지성인이 되고자 하는 마음은 하고자 하는 말을 한 번 더 걸러주고 다듬어 주며 가시를 골라준다. 우리 삶의 풍랑을 잠재워 주고 평안을 제공해 주며 원만한 관계를 이어주는 것, 그것이 바로 이 시대를 살아가는 지성인의 참 지혜이다.

당신은 소중한 사람이다

링컨은 "나이 마흔이면 자기 얼굴에 책임을 져야 한다"는 말을 남겼다. 그동안 자신이 어떤 인생을 살아왔으며, 어떤 생각을 하고 살아왔는지, 또는 어떤 말을 사용하며 살아왔는지 얼굴에 나타난다.

매사에 어떤 마음으로 삶을 대했는지 얼마나 많은 사람들과 행복을 나누며 살아왔는지 자신을 돌아보아야 할 때가 마흔인 것이다.

정확히 말하면 인생의 절반 즈음에서 자신의 삶을 되돌아보라는 뜻일 게다. 그래야 개선할 점은 개선하고 유지할 것은 유지할 수 있을 테니 말이다.

사는 것이 어찌 쉽기만 하겠는가. 너무 많은 시련들, 너무나 많은 아픔들, 너무나도 많은 상처들. 우리는 그 모든 것을 견디며 여기까지 왔다. 현재 진행 중인 사람도 있고 이미 지나온 과거형일 수도 있다. 그러나 지금 여기서 우리는 저마다 자신의 삶을 점검할 필요가 있다. 우리의 얼굴에는 너무나도 많은 스토리가 담겨져 있다. 그로 인해 입에 붙은 말도 있을 것이고 습관적으로 튀어나오는 말들도 있을 것이다.

사랑하는 가족들이 내 마음대로 내 뜻대로 움직여 주길 바란다면, 그것은 그들의 인생을 내가 송두리째 빼앗는 격이 된다. 말 그대로 소유물 또는 전유물이 아니고 무엇이겠는가.

내 뜻대로 내 맘대로 안 된다고 함부로 말해서는 안 될 것이다. 말은 씨가 되고 그 씨는 우리의 시름과 한숨을 자양분 삼아 자란다. 말하는 대로 뿌리는 대로 거두기 나름이다. 오늘도 난 아침부터 아들과 사소한 일로 말다툼을 할 뻔했다. '아차' 싶어 곧바로 생각을 고쳐먹었다.

'내 바람일 뿐이지 아들의 바람은 아니겠구나!'

그렇게 우리의 삶은 나의 말대로 흘러간다. 좋은 말, 긍정적인 말, 복을 짓는 말로 씨를 뿌려야겠다. 좋은 열매, 건강한 열매를 거두기 위해서 그렇게 오늘도 말 한마디마다 사랑이라는 감정을 담아야겠다.

지성인의 언어

1판 1쇄 발행 2018년 01월 25일
1판 3쇄 발행 2018년 02월 26일

지은이 육문희
펴낸이 박현
펴낸곳 트러스트북스

등록번호 제2014-000225호
등록일자 2013년 12월 3일

주소 서울시 마포구 서교동 성미산로2길 33 성광빌딩 202호
전화 (02) 322-3409
팩스 (02) 6933-6505
이메일 trustbooks@naver.com

값 12,800원
ISBN 979-11-87993-39-1 03320

믿고 보는 책, 트러스트북스는 독자 여러분의 의견을 소중히 여기며,
출판에 뜻이 있는 분들의 원고를 기다리고 있습니다.